계봉우의 국사

−『최신동국사』에서 『우리국사』로−

〈일러두기〉

1. 제1장의 「해방 직후 간도에서 발행된 『우리국사』의 이해」는 필자가 발표한 「해방 직후 간도에서 발행된 『우리국사』의 체재와 한국사 인식 -계봉우의 『최신동국사』에서 『우리국사』로-」(『역사교육』 159집, 역사교육연구회, 2021)을 일부 수정·보완한 것이다.

2. 제2장 원문原文에서는 원본原本의 세로쓰기를 가로쓰기로 바꾸고 띄어쓰기는 한글맞춤법에 맞게끔 수정하였다.

3. 원본의 목차 중 제1책 상고사 전체와 제2책 중고사 일부에 쪽수가 기입되어 있으나 원문에는 편의상 쪽수를 기입하지 않았다.

4. 원문에서는 원본에 쓰인 한자의 이체자를 최대한 그대로 옮겼다.

   覚(覺), 简(簡), 开(開), 挙(擧), 継(繼), 関·関(關), 区(區), 旧(舊), 駆(驅), 欧(歐), 亀(龜), 国(國), 権(權), 勧(勸), 𪰖(歸), 気(氣), 㡬(幾), 械(機), 畿(畿), 㝎(寧), 当(當), 党(黨), 対(對), 図(圖), 独(獨), 読(讀), 楽(樂), 乱(亂), 蘭(蘭), 来(來), 麗(麗), 励(勵), 联(聯), 难(離), 屡(屢), 万(萬), 亾(亡), 闻(聞), 閔(閔), 発(發), 軰(輩), 辺(邊), 併(倂), 収(收), 数(數), 壽(壽), 乗(乘), 実(實), 亜(亞), 児(兒), 両(兩), 壌(壤), 栄(榮), 芸(藝), 営(營), 欝(鬱), 為(爲), 医(醫), 将(將), 伝(傳), 戦(戰), 済(濟), 従(從), 刱(創), 処(處), 鉄(鐵), 称(稱), 廃(廢), 学(學), 解(解), 虚(虛), 献(獻), 顕(顯), 号·號(號), 拡(擴) 囙(回), 会(會), 奥(興)

5. 원문에서는 원본의 일부 오류를 수정하였으며 그 내용을 각주로 처리하였다.

계봉우의 국사
-『최신동국사』에서『우리국사』로-

박준형 편저

서경문화사

| 책머리에 |

한국 근대사학사에 관심을 두기 시작한 것은 대학원 진학 이후부터이다. 고조선을 주제로 학위논문을 쓰는 과정에서 논문이 갖는 연구사적 의미를 찾기 위해서는 근대역사학 성립 이후 고조선사 연구의 궤적을 검토하는 작업이 필요하였다. 박사과정에서 쓴 「한국 근현대 기자조선 인식의 변천」(『고조선사 연구 100년 -고조선사 연구의 현황과 쟁점-』, 2009)은 그러한 과정의 일환으로 작성된 것이었다.

박사 졸업 후 안동대학교 김종복 교수님과 함께 신채호의 미발견 저작인 『대동역사(고대사)』(필사본, 연세대학교 도서관 소장, 1914)를 발굴하여 「『대동역사(고대사)』를 통해 본 신채호의 초기 역사학」(『동방학지』 162, 2013)이라는 논문을 쓰는 행운을 얻었다. 이 책은 신채호 자신이 저술했다고 밝혔던 『대동제국사大東帝國史』·『대동사천년사大東四千年史』에 해당되는 것이었다. 이로써 『독사신론』에 이은 신채호의 초기 역사인식의 새로운 면을 확인할 수 있었다.

2017년 5월 중국에서 리지린李址麟의 박사학위논문인 『고조선적연구古朝鮮的研究』와 그 연구계획서인 『고조선연구古朝鮮研究 -적요摘要-』를 입수하게 되었다. 리지린은 1961년 9월 북경대학에서 고힐강顧頡剛의 지도로 박사학위를 받은 후 귀국하여 『고조선연구』(1963)를 출판하였다. 이 책이 학계에 끼친 영향이 매우 컸기에 많은 연구자들이 그의 박사학위논문을 찾고자 노력하였다. 그러나 그 행운은 필자에게 돌아왔다. 「리지린의 북경대학 박사학위논문 『고조선적연구』의 발견과 검토」(『선사와 고대』 62,

2020)라는 논문에서 그가 중국 심사위원들을 의식해서 쓸 수밖에 없었던 학위논문을 북한학계의 실정에 맞게끔 대폭 수정하여 『고조선연구』로 출판한 사실을 밝혀냈다. 이어서 그의 학위논문을 『고조선적연구』(2021)로 영인·출판하였다.

2021년 4월 다시 한번 행운이 찾아왔다. 1945년 11월 간도에서 발행된 저자 불명의 『우리국사』(3책, 등사본)를 입수하게 된 것이다. 처음에는 단순히 해방 직후 간도에서 발행된 역사교재라고만 생각했다. 그런데 간도의 역사교육 관련 자료를 검토하는 과정에서 1913년 북우北愚 계봉우桂奉瑀가 북간도의 간민교육회에서 중등학교용으로 저술한 『최신동국사最新東國史』가 바로 『우리국사』였음을 확인하게 되었다. 해방 직후 북간도에서 역사교육을 정상화하기 위해 새로운 교과서가 필요하게 되자 일제시기 가장 많이 활용되었던 계봉우의 『최신동국사』를 『우리국사』로 제목을 바꾸어 교과서로 사용했던 것이다. 『최신동국사』는 일제시기 북간도뿐만 아니라 상해 임시정부와 연해주에서도 교과서로 쓰였다. 아마도 일제시기 민족주의사학계열에서 저술한 역사서 가운데 통사로서 한국사 전체를 다룬 것은 계봉우의 『최신동국사』가 유일한 듯하다. 서간도에 박은식과 신채호가 있었다면 북간도에 계봉우가 있었다. 그러나 북우의 한국고대사 인식은 백암·단재와 지향을 같이 하면서도 그 결이 서로 달랐다.

필자는 검토 결과를 「해방 직후 간도에서 발행된 『우리국사』의 체재와 한국사 인식 -계봉우의 『최신동국사』에서 『우리국사』로-」(『역사교육』 159,

2021)라는 논문으로 발표하였다. 이 논문에서는 계봉우가 『최신동국사』를 발행할 때부터 저자를 표기하지 않았으며 통설과 달리 1912년이 아닌 1913년에 저술하였다는 사실을 밝혀냈다. 또한 『최신동국사』와 일부 내용을 달리하는 『중등최신동국사』의 실체도 확인할 수 있었다. 이런 사실을 밝힐 수 있었던 것은 한국학중앙연구원 장신 교수님의 자료 제공 덕분이었다. 이 자리를 빌어 장신 교수님께 감사의 말씀을 드린다.

논문 발표 후 연구자들로부터 『우리국사』를 책으로 발행해 달라는 요청을 많이 받았다. 이에 발표 논문을 일부 수정·보완하고 원문原文에 나름대로 교열·주석을 하였으며 원본原本을 그대로 수록하여 이 책을 출판하게 되었다.

계봉우 저작집은 후손의 자료 기증 덕분에 독립기념관 한국독립운동사연구소에서 『북우 계봉우 자료집(1·2)』(1996)으로 출간되었다. 이로 인해 계봉우에 대한 연구가 활기를 띠게 되었다. 그러나 아쉽게도 이 자료집에는 그의 초창기 역사인식의 핵심이라 할 수 있는 『최신동국사』가 포함되지 않았다. 이 책의 출판으로 계봉우에 대한 연구가 다시 한번 활발히 이루어지기를 기대해 본다.

계봉우의 『우리국사』는 신채호의 『대동역사』, 리지린의 『고조선적연구』에 이어 세 번째로 발굴한 사학사 관련 자료이다. 또한 이 책은 필자가 발행하는 세 번째 개인 저서이기도 하다. 무엇보다도 북간도에서 조국의 독립을 위한 인재를 양성하려는 목적으로 저술되었던 계봉우의 『최신동국사』를 해방된 조국에서 8·15 광복절을 맞이하여 110년 만에 다시 출판하게 되어 무한한 영광이다.

이 책이 나오기까지 감사해야 할 분들이 많다. 먼저 근대사학사 연구를 누구보다도 응원해 주셨던 고 김용섭 선생님의 영전에 이 책을 바치고 싶다. 그리고 학문적 방향에 대해 조언을 아끼지 않으신 하일식 선생님의

은혜를 잊을 수가 없다. 또한 박물관장직을 수행하면서도 교수로서 연구할 수 있도록 배려해 주신 해군사관학교 소장 안상민 교장님과 준장 강동구 부교장님께도 깊은 감사를 드린다. 마지막으로 필자의 세 저서의 모든 출판을 맡아주신 서경문화사 김선경 사장님께도 고마움을 전한다.

2022년 8월
옥포만을 바라보며
박 준 형

| 목차 |

제1장

해방 직후
간도에서 발행된
『우리국사』의 이해

Ⅰ. 간도에서 역사교육과 계봉우

1860년대부터 한국인의 간도 이주는 자연재해로 인한 기근과 경제적 궁핍 등 주로 몰락 농민층들이 주를 이루었다. 이후 1883년 중국도 공식적으로 간도 개발을 위해 한국인의 이주를 받아들이면서 간도 이주는 가속화되었다.[1] 1905년 을사늑약이 체결된 이후에는 경제적 이유도 있었지만 정치·사회적인 이유로 인한 간도 이주가 늘어났다. 1910년 8월 경술국치 이후에는 독립운동 기지를 건설하기 위한 반일독립운동가들의 집단적인 이주가 활발해졌다. 1910년대 국내에서는 일제의 무단통치로 인해 한국인들의 조직적인 민족운동을 추진하기가 어려웠기 때문에 독립운동가들이 상대적으로 일제의 통제가 느슨했던 간도로 이주했던 것이다. 이에 따라 간도지역 곳곳에 한인사회가 형성되었다.[2]

간도에 형성된 초기 한인사회에서는 전근대적인 서당을 통해 자녀 교육이 이루어졌다. 하지만 1906년 이상설이 용정龍井에 설립한 서전서숙瑞甸書塾을 필두로 점차 근대적인 민족교육을 통한 인재양성을 목표로 하는

---

1) 孫春日, 『中國朝鮮族移民史』, 中華書局, 2009, 144~156쪽.
2) 오세창, 「재만한인의 사회적 실태」 『백산학보』 9, 1970 ; 孫春日, 위의 책, 2009 ; 延邊朝鮮族史編寫組 編, 『延邊朝鮮族史(上)』, 延邊人民出版社, 2010 ; 김춘선, 『북간도 한인사회의 형성과 민족운동』, 고려대학교 민족문화원구원, 2016.

학교가 설립되었다. 북간도의 창동昌東 · 동명明東 · 광성光成 · 정동正東 · 영
신永新 · 창동彰東학교와 같은 기독교계열에서 설립한 사립학교와 이동휘
가 설립한 북전大甸 · 북일학교北一學校와 같은 군사학교가 대표적이었다.[3]

이들 학교에서는 자연과학 · 실업 · 법률 · 외국어와 같은 근대적인 교
과목뿐만 아니라 국어 · 역사 · 수신 · 음악 · 군사와 같은 민족주의 지향의
교과목을 가르쳤다.[4] 이중 반일민족주의적 교육의 핵심은 역사교육이었
다.[5] 처음에 치안방해라는 이유로 국내 학교에서 사용이 금지되었던『동

---

3) 간도의 민족교육에 관한 대표적인 연구는 다음과 같다. 천경화,「일제하 재
만한인 민족교육에 관한 연구」『백산학보』25, 1979 ; 홍종필,「만주 조선
인 교육문제 소고 -1920년대 간도지방을 중심으로-」『백산학보』28, 1984
; 서굉일,「1910년대 북간도의 민족주의교육운동 -기독교학교의 교육을 중
심으로-(1 · 2)」『백산학보』29, 30 · 31합호, 1984 · 85 ; 서굉일,「일제하
서북간도에서의 민족해방을 위한 역사교육」『산운사학』5, 1991 ; 이명화,
「1920년대 만주지방에서의 민족교육운동」『한국독립운동사연구』2, 1988
; 이명화,「북간도지방에서의 민족주의교육과 식민주의교육」『실학사상연
구』창간호, 1990 ; 김흥수,「일제하 재만한민족의 역사교육」『강원사학』7,
1991 ; 김흥수,「중국 연변조선족의 근대민족교육에 관한 연구」『국사관논
총』64, 1995 ; 박주신,『간도한인의 민족교육운동사』, 아세아문화사, 2000
; 김해영,「북간도 한민족교육사상의 형성과 전개」, 제주대학교 박사학위논
문, 2011 ; 박금해,『중국 조선족 교육의 역사와 현실』, 경인문화사, 2012.
중국에서 조선족 교육 관련 대표적인 연구는 다음과 같다. 연변대학교육학
심리학실교연실 외,『연변조선족교육사』, 연변인민출판사, 1987 ; 朴奎燦 等,
『延邊朝鮮族教育史稿』, 吉林教育出版社, 1989 ; 중국조선족교육사편사조,
『중국조선족교육사』, 동북조선민족교육출판사, 1991 ; 許靑善 · 姜永德 主編,
『中國朝鮮族教育史』, 延邊教育出版社, 2009 ; 許壽童,『近代中國東北教 育の
研究 -間島における朝鮮人中等教育と反日運動-』, 明石書店, 2009.

4) 박주신, 앞의 책, 2000, 221~233쪽.

5) 서굉일,「일제하 서북간도에서의 민족해방을 위한 역사교육」『한신논문집』
8, 1991, 146쪽.

국역사』(현채, 1899) · 『대한국사』(정인호, 1908) 등이 교과서가 사용되었지만 1912년 간민교육회墾民敎育會에서 간도교육의 실정에 맞는 교과서를 편찬 · 보급하였다. 그중 대표적인 것이 계봉우(1880~1959)가 저술한 『오수불망吾讐不忘』· 『최신동국사最新東國史』· 『신한독립사新韓獨立史』였다. 이중 『오수불망』은 초등용 수신교과서로 편찬된 것으로 그 내용의 대부분은 고대부터 근대까지 일본과의 관계를 다룬 반일적인 것이었다. 『신한독립사』는 현전하지 않아 제목만으로 그 내용을 유추할 수밖에 없다. 『최신동국사』는 북간도의 기독교민족주의계열 학교에서 역사교과서로 가장 많이 사용되었지만 아쉽게도 헤이그밀사, 한말의병, 경술국치 등 한말 부분만 취조보고서에 일본어로 번역되어 남게 되었다. 계봉우가 저술한 이들 교과서는 1913년 일제에 의해 모두 금서로 지정되었다.

계봉우에 대한 연구는 그의 저술인 『꿈속의 꿈』· 『조선문학사』· 『동학당 폭동』· 『조선역사』 등이 알려지게 되고 이어서 1996~97년에 독립기념관 한국독립운동사연구소에서 『북우 계봉우 자료집(1 · 2)』을 발간하면서 활기를 띠게 되었다.[6] 저자 불명이었던 『오수불망』의 경우에 그의 자서전인 『꿈속의 꿈』에서 자신이 저술했다는 기록을 통해 저자를 확인할 수 있게 되었다.[7] 초등용으로 저술된 『오수불망』은 삼국시대부터 일본의 침입과 관계된 사건들을 중심으로 서술되어 있는데, 특히 경술국치 이후

6) 윤병석, 「계봉우의 생애와 저술목록」 『인하사학』 1, 1993a ; 윤병석, 「계봉우의 『아령실기』와 『동학당 폭동』· 『조선역사』」 『역사비평』 20, 1993b ; 조동걸, 「북우 계봉우의 생애 및 연보와 저술」 『한국학논총』 19, 1996.

7) 윤병석, 「계봉우의 민족운동과 한국학」 『한국학연구』 22, 2010 ; 이영호, 「계봉우의 한국역사 인식과 역사관」 『한국학연구』 25, 2011 ; 김대용, 「桂奉瑀의 민족운동 초기 활동과 『吾讐不忘』의 편찬」 『한국사상과 문화』 68, 2013, 159쪽 ; 임학성, 「北愚 桂奉瑀(1880~1959)의 역사민속 서술과 인식」 『역사민속학』 48, 2015.

부분에서 일제의 만행에 대한 비판적인 내용을 통해 민족주의적 성향을 강하게 드러냈다.[8] 사회주의사상을 수용한 이후 저술한 『조선역사』에서는 민족과 계급의 통합을 강조했던 그만의 독창적인 역사인식이 표출되었다.[9] 이러한 연구성과를 바탕으로 계봉우의 민족운동과 역사서술을 종합적으로 검토한 박사학위논문이 나오게 되었다.[10]

1910~20년대 북간도의 기독교민족주의계열 학교에서 가장 많이 사용되었던 중등 역사교과서는 계봉우의 『최신동국사』였다.[11] 이 책은 상해임시정부와 연해주에서 교과서로 재발행되기도 했다. 따라서 사회주의사상 수용 이전 그의 한국사 인식을 제대로 살펴보기 위해서는 『최신동국사』를 검토해야만 했다. 그러나 『최신동국사』의 한말 일부분만 남아있는 상황에서 반일민족주의적 서술 경향을 읽을 수 있을지언정 그의 한국사 인식 전반에 대해 살펴볼 수는 없었다. 대신 초등용 수신교과서로 편찬된 『오수불망』을 통해 그의 한국사 인식에 대해 제한적으로 접근할 수밖에 없었다.[12]

2021년 4월 필자는 우연히 중국 연길시延吉市 소재 연변서원延邊書院에

---

8) 구양근, 「『吾讐不忘』과 『征倭論』의 비교 연구」 『한국독립운동사연구』 23, 2004 ; 김대용, 앞의 논문, 2013.

9) 반병률, 「러시아혁명 전후 시기 계봉우(桂奉瑀)의 항일민족운동, 1919~1922 -기독교 민족주의자에서 사회주의자로-」 『한국학연구』 25, 2011 ; 이현주, 「계봉우의 사회주의사상과 역사서술 체계 -독립운동사 서술체계를 중심으로-」 『한국학연구』 25, 2011.

10) 김대용, 「北愚 桂奉瑀(1880~1959)의 민족운동과 역사 서술」, 국민대학교 박사학위논문, 2016.

11) 박주신, 앞의 책, 2010, 465~473쪽.

12) 김대용, 앞의 논문, 2013.

서 『우리국사』(3책)을 입수하게 되었다. 이 책은 1945년 11월에 간도시間
島市 신흥구新興區 유신維新프린트사에서 발행된 등사본으로 저자가 표기
되어 있지 않다. 이에 저자를 확인하기 위해 간도의 역사교육 관련 자료
를 검토하는 과정에서 일본어로 번역된 『최신동국사』 한말 부분과 이 책
의 해당 부분이 일치한다는 사실을 확인하였다. 결국 해방 직후 간도에서
역사교육을 정상화하는 과정에서 만주국시기 역사교재를 대신할 새로운
교과서가 필요하게 되자 해방 이전 가장 많이 쓰였던 계봉우의 『최신동
국사』를 제목만 바꾸어 등사 · 발행했던 것이 바로 『우리국사』였다.

　이에 계봉우의 『우리국사』를 소개하고 나아가 이를 통해 1910년대 계
봉우의 한국사 인식에 대해 살펴보고자 한다. 향후 『우리국사』를 통해
계봉우에 대한 연구뿐만 아니라 간도에서 이루어진 역사교육에 대한 연
구가 좀 더 진전될 수 있기를 바란다. 필자가 계봉우의 『우리국사』를 영
인 · 출판하는 목적이 바로 여기에 있다.

II. 『우리국사』의 체재와 이해

1. 서지

　『우리국사』는 상고사 · 중고사 · 근고사 3책으로 이루어진 등사본이다.
1책의 크기는 가로 17.0cm, 세로 22.5cm, 2책은 가로 17.3cm, 세로
23.4cm, 3책은 가로 17.2cm, 세로 23.8cm로 조금씩 차이가 있다. 1책
은 표지, 목차[3쪽], 인쇄소안내, 본문[19쪽]과 제2편 중고사 목차 안내, 도
서목록, 간기, 뒷표지 순으로 되어 있다. 2책은 표지, 목차[4쪽], 본문[22
쪽]과 제3편 근고사 목차 안내, 간기, 뒷표지[인쇄소안내] 순으로 되어 있
다. 3책은 표지, 목차[4쪽], 본문[18쪽], 뒷표지 순으로 되어 있다. 목차에

각 장章·과課의 쪽수를 기입한 것은 상고사 전체와 중고사 중 일부분분이다. 목차 11쪽, 본문 59쪽과 표지 3쪽을 포함한 전체 분량은 63쪽이며, 글자수는 19,254자이고, 200자 원고지로는 144매이다.

각 책의 표지에는 조금씩 달리 표현된 한반도 그림이 있다(그림1). 본문은 국한문 혼용으로 띄어쓰기가 되어 있으며 이체자가 많이 사용되었다[일러두기 참조]. 1책 상고사의 시작 부분에는 제목이 '우리국사'가 아닌 '대한국사大韓國史'로 되어 있다. 1책의 본문 마지막 부분에는 '근일출판近日出版'할 제2편 중고사 목차 안내가, 2책의 본문 마지막 부분에는 제3편 근고사 목차 안내가 수록되어 있다. 1책의 간기에는 발행일이 '개국開國 사천이백칠십팔년四千二百七十八年 십일월十一月 십삼일十三日', 즉 1945년 11월 13일로 되어 있으며 발행소는 "간도시間島市 신흥구新興區 안정가安定街 유신維新프린트사社"로 되어 있다. 제판製版 겸 등사인謄寫人은 민병하閔丙河이다. 2책의 간기에는 발행일이 1945년 11월 15일로 1책과는 2일 차이가 있다. 3책에는 간기가 없다. 1책의 본문과 간기 사이에는 유신프린트사에서 발행한 『변증법적유물론입문辨證法的唯物論入門』·『전동맹공산당

〈그림1〉 『우리국사』(3책) 표지

기구全同盟共產黨機構의 근본조직원칙根本組織原則(1)』・『우리국사(제1편 상고사)』・『한글맞춤법』・『신정천자문新訂千字文』・『문법상해文法詳解 초등로어독습서初等露語獨習書』 등 도서목록이 수록되어 있다.

각 책의 뒷표지에는 "李成徽 / 1946年購于延吉"이란 문구가 적혀 있다. 이를 통해 이성휘가 1946년 연길에서 구입한 것임을 알 수 있다. 이성휘는 1921년 길림성 연길 출생으로, 1943년 일본 와세다대학早稲田大學 함수부函授部 문과文科를 졸업했다. 이후 소학교 교사, 『연변문화延邊文化』 잡지 편집, 연변대학 조문계朝文系 교사, 중국작가협회연변분회中國作家協會延邊分會 이사를 역임하였다.[13] 그가 소학교 교사를 역임했던 이력을 볼 때 1946년에 이 책을 구입하여 소학교 학생들을 가르치는 데 참고하였던 것으로 추정된다. 이상의 내용을 정리하면 다음 〈표1〉과 같다.

〈표1〉 『우리국사』(3책) 서지

책수	1책	2책	3책
편명	上古史	中古史	近古史
분량(張)	14	13	15
목차(쪽)	3	4	4
본문(쪽)	19	22	18
간기	○	○	×
발행일	1945.11.13	1945.11.15	×
소장자 서명	○	○	○
비고	제2편 목차 안내, 출판 도서목록	제3편 목차 안내	

---

13) 百度一下(https://www.baidu.com/)에서 검색.

2. 체재

『우리국사』는 단군조선에서 한말까지를 상고사(제1편)·중고사(제2편)·근고사(제3편)로 시대구분 하였다. 각 편의 세부 목차를 정리하면 아래 〈표2·3·4〉와 같다.

〈표2〉『우리국사』 제1편 상고사 목차

제1편 上古史	
제1장 扶餘時代	
제1과 檀君의 建國 제2과 檀君의 治化	제3과 天下의 三分 제4과 四郡三扶餘三韓
제2장 四國時代	
제1과 東明聖帝의 建國 제2과 琉璃大王과 慕本大王의 武功 제3과 弑王의 始 제4과 毌丘儉의 乱 제5과 慕容皝의 乱 제6과 四王家의 分時 제7과 麗濟交惡의 始 제8과 故国壤大王의 功績과 新羅의 始强 제9과 廣開土大王의 功德 제10과 廣開土大王의 偉武 제11과 長壽大王의 遠交近攻	제12과 三國의 仇隙益深 제13과 百濟와 倭人 제14과 麗隋의 初戰 제15과 麗隋의 再戰 제16과 三国英雄의 輩出 제17과 武王 제18과 金庾信 제19과 泉蓋蘇文 제20과 麗唐戰爭 제21과 新羅와 日本 제22과 麗済의 亡
제3장 上古의 文化	
제1과 宗教(一) 제2과 宗教(二) 제3과 政治 제4과 法典 제5과 軍制	제6과 教育 제7과 文学 제8과 藝術(一) 제9과 藝術(二)

〈표3〉『우리국사』 제2편 중고사 목차

제2편 中古史	
제1장 南北朝의 時代	
제1과 麗済의 義兵 제2과 新羅의 擊退唐兵	제3과 大祚栄의 興復 제4과 武大王의 外征

제5과 新羅의 文弱	제9과 泰封의 亡과 高麗의 興
제6과 宣大王의 功德	제10과 南北朝의 亡
제7과 新羅의 革命戰爭	제11과 渤海의 義兵
제8과 泰封과 後百済의 爭雄	

제2장 中古의 文化(一)

제1과 宗教(一)	제6과 教育
제2과 宗教(二)	제7과 文学
제3과 政治	제8과 藝術(一)
제4과 法典	제9과 藝術(二)
제5과 軍制	

제3장 高麗時代

제1과 高麗의 統一	제12과 蒙古의 初寇
제2과 渤海舊疆의 謀復	제13과 蒙古의 再寇
제3과 成宗의 隆治	제14과 麗蒙의 講和
제4과 契丹의 入寇	제15과 王政의 復古
제5과 姜邯贊의 偉勳	제16과 國勢의 復興
제6과 顯宗의 威德	제17과 紅頭軍의 役
제7과 文治의 隆盛	제18과 舊疆의 收復
제8과 九城의 役	제19과 崔都統의 征明(一)
제9과 權臣의 跋扈	제20과 崔都統의 征明(二)
제10과 鄭仲夫의 乱	제21과 征倭의 役
제11과 崔氏의 專權	제22과 高麗의 亡

제4장 中古의 文化(二)

제1과 宗教	제5과 教育
제2과 政治	제6과 文学
제3과 法典	제7과 藝術
제4과 軍制	

〈표4〉 『우리국사』 제3편 근고사 목차

제3편 近古史	
제1장 朝鮮時代	
제1과 朝鮮의 建国	제9과 李忠武의 偉勳
제2과 隆治의 時代	제10과 倭의 再寇
제3과 治国의 大失策	제11과 滿洲의 入寇
제4과 對馬島의 役	제12과 黨爭의 終始
제5과 世祖時의 革命乱	제13과 黨爭及門閥의 弊害
제6과 士禍의 屢起	제14과 安龍福
제7과 壬辰倭寇	제15과 外戚의 專権
제8과 各道의 義兵	

제2장 近古의 文化	
제1과 宗教 제2과 政治 제3과 法典 제4과 軍制	제5과 教育 제6과 文学 제7과 芸術
제3장 大韓時代	
제1과 大院君의 內政(一) 제2과 大院君의 內政(二) 제3과 大院王의 外政(一) 제4과 大院王의 外政(二) 제5과 閔族의 專政 제6과 獨立黨과 守旧黨 제7과 獨立黨의 失敗 제8과 東学黨과 淸日戰爭 제9과 政黨의 分立	제10과 露日戰爭과 五條約 제11과 五條約의 結果 제12과 閔泳煥의 遺書 제13과 海牙의 李儁 제14과 義兵의 因果 제15과 社会와 学校 제16과 義士의 踵起 제17과 合併의 恥辱

표에서 알 수 있듯이 『우리국사』의 제1편 상고사는 「제1장 부여시대」
(4과), 「제2장 사국시대」(22과), 「제3장 상고의 문화」(9과)로, 제2편 중고사
는 「제1장 남북조의 시대」(11과), 「제2장 중고의 문화(1)」(9과), 「제3장 고
려시대」(22과), 「제4장 중고의 문화(2)」(7과)로, 제3편 근고사는 「제1장 조
선시대」(15과), 「제2장 근고의 문화」(7과), 「제3장 대한시대」(17과)로 이루
어져 있다. 전체적으로 3편, 10장, 113과 체재로 되어 있다. 이중 광개토
대왕 부분이 2과 16행으로 가장 많은 서술 분량을 차지하고 있다.

상고사는 부여시대와 사국시대로, 중고사는 남북조[발해 · 신라]시대와
고려시대로, 근고사는 조선시대와 대한시대로 구분된다. 제1편 제2장에
서는 가야를 포함한 사국시대를 설정하되 고구려 중심의 목차로 구성되
었다. 또한 제2편 제1장에서는 남북조시대로 구분하되 신라보다는 발해
를 중심으로 서술되어 있다. 이런 점만을 보더라도 고구려 · 발해 중심의
한국사 인식체계를 엿볼 수 있다. 특히 고종 즉위 이후부터 한말까지를
대한시대로 규정한 것은 일제시기 사서에서는 볼 수 없는 독특한 시대구
분이다.

3. 저자

『우리국사』에는 저자가 표기되어 있지 않다. 여기에서는 한말 일부분만 남아있는 『최신동국사』 일본어 번역 부분과 『우리국사』의 해당 부분을 비교·검토함으로써 『우리국사』의 저자를 확인해 보겠다.

『최신동국사』는 1920년대까지 북간도의 기독교민족주의계열 학교에서 중등학교용 역사교과서로 널리 채택되었다.[14] 당시 국내에서 저술된 역사교과서는 대부분 경술국치 이전이 서술대상에 포함되지 않았다. 또한 황의돈이 간도에서 교재로 저술한 『대동청사』(1909)에도 세도정치까지만 서술되었다. 한편 한국사 전체를 다룬 초등용 『유년필독』이 있었지만 중등용 역사교재로서는 적합하지 않았다. 결국 당시까지 고조선에서 경술국치까지 다룬 통사로서 중등용 역사교과서로는 『최신동국사』가 유일했다.

『최신동국사』는 발행 이후 1913년 일제에 의해 금서로 지정되었다. 일제는 이 책을 '배일불온문서排日不穩文書'라 하여 단순히 소지한 것만으로도 체포·취조하였으며,[15] 1924~25년에 연길·왕청·화룡·혼춘 등지에서 압수한 사례가 많이 있다.[16]

1920년 일경이 항일단체와 관련 혐의로 간도 용정의 영신학교永新學校 학생과 교사를 체포하였다. 이 과정에서 학생 박창극朴昌極이 『최신동국사』를 구입·소지하였고, 교사 한익렬韓翼烈이 이를 수업 교재로 사용하였

---

14) 박주신, 앞의 책, 2010, 465~473쪽.
15) 이명화, 「북간도 명동학교의 민족주의교육과 항일운동」 『백산학보』 79, 1988, 33쪽.
16) 국사편찬위원회, 「二. 만주에서의 독립운동자료」 『한국독립운동사(五)』(중판), 1983, 606·625쪽.

던 사실이 드러났다. 경찰이 압수한 『최신동국사』는 1917년 하얼빈 보문
사普文社에서 발행한 『최신동국사』와 내용이 동일한 것으로 밝혀졌다.[17]
다만 저자가 계봉우桂奉瑀가 아닌 계봉서桂奉瑞로 되어 있었다.

이때 경찰이 작성한 보고서 중 〈3. 『최신동국사』 1절〉에 「제13과 조
선 이태왕의 밀사」, 「제14과 의병의 인과」, 「제15과 사회와 학교」, 「제16
과 의사의 종기」, 「제17과 합병의 치욕」 등 제13~17과를 일본어로 번역
해 첨부하였다.[18] 이 목차를 표4의 『우리국사』(제3편 근고사) 「제3장 대한
시대」의 제13~17과 목차와 비교해 보면, 「제13과 해아海牙[헤이그]의 이
준」을 「조선 이태왕의 밀사」로 바꾼 것을 제외하면 모두 일치한다. 보고
서 중 「제14과 의병의 인과」(①)와 『우리국사』의 해당 내용(②)을 인용하
면 아래와 같다.

> ① **朝鮮 國難 明治 29年**에 日兵이 閔后를 弑害했을 적에 柳麟錫이란 者
> 가 처음으로 日本을 討滅하기 위해 義兵을 일으키고 五條約이 성립
> 되자 忠淸道에서 閔宗植·崔益鉉 等이 차례로 일어나고 咸鏡北道에
> 서는 李範允이 일어나게 되니 **李太王**이 讓位될 때를 當하여 義兵이
> 處々에서 蜂起하여 日人을 殺戮하니 이는 軍民이 國權을 喪失함을
> 忿恨하다가 此機를 乘하여 일어난 것이다.
> 義兵에 가장 有名한 자로는 **京畿道**에 李康年·延起羽이고, **慶尙南北
> 道**에는 李麟榮·金海山이며 **江原道**에는 閔肯鎬·姜基東이고, **咸鏡南
> 北道**에는 洪範圖·車道先이고 沿海州에 李範允·崔在亨 等이 있는데
> 時勢의 利害로 인해 아직 成功하지는 못했지만 비록 그 民氣의 不死
> 함을 알 것이다.

---

17) 서굉일, 앞의 논문, 1985, 277쪽 ; 이영호, 앞의 논문, 2011, 93쪽.
18) 金正明 編, 「226. 在間島英國宣敎師抗日獨立運動援助に關する件」 『朝鮮獨立
　　運動Ⅲ -民族主義運動篇-』(明治百年史叢書), 東京: 原書方, 1967, 282~289쪽.

② **檀君 四千二百二十八年**에 日兵이 閔后를 죽이매 그때에 柳麟錫이 비로소 日本을 討滅하기 爲하여 義兵을 擧하고 밋 五條約이 되매 忠淸道에서 閔宗植·崔益鉉 等이 次第로 起하고 咸鏡北道에 李範允이 起하더니 **光武帝**가 讓位하는 때를 当하여 義兵이 處々에 蜂起하여 日人을 殺戮하니 이는 軍民이 다 国権의 喪失됨을 忿恨하다가 此機를 乘하여 起함이라.

義兵에 가장 有名한 者는 **畿湖**에 李康年·延起羽와 **嶺南**에 李麟栄·金海山과 **関東**에 閔肯鎬·姜基東과 **関北**에 洪範図·車道善과 沿海州에 李範允·崔在亨 等이 있으니 時勢의 利害를 因하여 아직 成功치는 못하였으나 그 民気의 不死함을 可히 알지니라.

②의 '단군 사천이백이십팔년(4228년)'[1895, 을미사변]을 ①에서는 '조선朝鮮 국난國難 메이지明治 29년'(1896년)으로 번역하였다. 『우리국사』에서는 모든 연도를 단군기원으로 표기하였는데 일경이 이를 일본 연호인 메이지로 바꾼 것이다. 물론 메이지 28년은 29년의 오기이다. 이처럼 계산상 1년 차이의 오류는 제13·15·16·17과에서 모두 나타난다. 또한 ②의 광무제光武帝를 ①에서는 격을 낮추어 이태왕李太王으로 바꾸었다. 그리고 ②에서 각도의 별칭인 기호·영남·관동·관북을 ①에서는 경기도·경상남북도·강원도·함경남북도와 같은 당시 행정구역명으로 바꾸었다.

또 마지막 「제17과 합병의 치욕」(③)과 『우리국사』의 해당 부분(④)을 살펴보면 아래와 같다.

③ **朝鮮 國難 明治 44년** 8월 29일에 일본은 統監 寺內正毅으로 하여금 强制로 合併하고 京城에 朝鮮總督府를 두니 이는 伊藤(博文)이 砲殺을 당한 後에 **日人이** 憤怒하여 合併條約을 促成하게 되니 嗚呼라 **朝鮮 李太王의 子孫된 青年諸君**은 이날을 잊지 말고 크게 奮勵하여 國

恥를 快雪할지어라.

④ **檀君 四千二百四十三年**八月二十九日에 日本이 統監 寺內正毅로 하여 곰 强制로 合併하고 京城에 朝鮮總督府를 두니 이는 伊藤博文이 砲殺을 當한 後에 **倭놈들이** 憤怒하여 合併條約을 促成함이라. 嗚呼라 **檀君의 子孫된 靑年諸君**은 이날을 잇지 말고 크게 奮勵하여 国恥를 快雪할지어다.

③에서는 ①과 마찬가지로 단군기원을 메이지로 바꾸었다. 특히 ④의 '단군의 자손'을 '조선 이태왕의 자손'으로, '왜놈들'을 '일인日人'으로 바꾸어 그 의미를 퇴색시켰다. 이러한 차이를 제외하고 5개 과의 내용은 『우리국사』의 그것과 동일하다. 따라서 『우리국사』는 계봉우가 저술한 『최신동국사』와 내용상 같다고 할 수 있다.

그렇다면 『우리국사』에는 왜 저자를 표기하지 않았을까? 이것은 『최신동국사』의 저자 표기문제와 관련된 것으로 보인다. 뒤에서 살펴볼 1914년 5월 29일에 조선총독부 경무국장이 외무차관에 보낸 〈출판물압수처분出版物押收處分에 관한 건〉에서도 『최신동국사』의 저자를 밝히지 않았다. 계봉우가 1916년 12월 일제 관헌[간도총영사관]에 의해 연길에서 체포된 후 작성된 보고서에는

위 자[필자: 계봉우]는 1909년 당뽑지방에 이주한 후 약 4년간 연길현 소영자에 거주하며 그곳 배일조선인들이 설립한 길동기독학당 및 광성중학교에서 교편을 잡았는데 그 동안 그는 역사 · 지리 · 수신 · 한문 등을 담당하여 가르치면서 **『최신동국사』라는 역사교과서를 편찬하고**…[19]

---

19) 국가보훈처, 「在留禁止命令執行報告의 件(1916.12.2.)」 『滿洲地域 本邦人在留禁止關係雜件』(해외의 한국독립운동사료34), 국가보훈처, 2009, 78~79 · 255쪽.

라고 하여 일제 관헌도 그때까지 금서로 지정되었던 『최신동국사』의 저자가 계봉우임을 직접 취조과정에서 확인할 수 있었던 것이다.

한편 1912년 간민교육회에서 계봉우가 저술한 『오수불망』·『신한독립사』도 저자가 표기되어 있지 않은 것으로 보인다. 일제는 1916년 10월 북간도 평강하리수북사平岡下里水北社 학동鶴洞에서 민정시찰 중 밀정을 통해 사립 제1소학교에서 수신교과서로 사용된 『오수불망』 일부를 입수하게 되었고 이를 간도총영사관을 거쳐 일본외무성 외무대신에게 보낸 문건에 일본어 번역문을 첨부하였다.[20] 이 문건과 번역문에도 『오수불망』의 저자에 대한 언급은 없다. 또한 위에서 인용한 1916년 12월 계봉우가 체포되었을 당시 취조문에도 『오수불망』의 저술과 관련된 내용은 없다. 일제도 당시 『오수불망』의 저자를 정확히 파악하고 있지 못하고 있었다는 것을 알 수 있다. 결국 계봉우의 자서전인 『꿈속의 꿈』(1940~44)이 수록된 『북우 계봉우 자료집(1)』(1996)에서 『오수불망』과 『신한독립사』를 저술했다는 사실이 확인되기 전까지 그 저자를 확인할 수가 없었다.[21] 이런 점에서 『최신동국사』도 발행 당시 저자를 표기하지 않았을 가능성이 높다고 본다. 아마도 저술 내용이 극히 반일적이기 때문에 금서로 지정될 것을 예측하고 저자를 보호하기 위해 표기하지 않았던 것으로 보인다.

그렇다면 해방이 되자마자 발행된 『우리국사』에서는 왜 저자를 밝히지 않았을까? 만약 『우리국사』의 발행인이 이 책의 저자를 알고 있었다면 당당하게 저자를 밝혔을 것이지만 그렇게 하지 않았다. 한편 저자 미상으로

---

20) 「排日的教科書送付ノ件(1916.11.4.)」『朝鮮邊境淸國領土內居住ノ朝鮮人ニ對スル淸國政府ノ懷柔政策關係雜纂』(국사편찬위원회, 「吾讐不忘」『韓國獨立運動史(二)』, 1966, 607~637쪽에 번역문 게재).

21) 박주신, 앞의 책, 2000, 486~487쪽 ; 김대용, 앞의 논문, 2013, 159쪽.

알려진 『최신동국사』가 해방 직전까지 일제의 감시 속에서도 몰래 교재로 사용되었기 때문에 제목만 바꾸어 발행함으로써 당장 필요한 교과서의 수요를 충당했던 것으로 보인다. 현재로서는 이 문제에 대해 더 이상의 추론은 어렵다. 향후 관련 자료의 발굴을 기대해 볼 수밖에 없다.

4. 발행시기

일반적으로 『(중등)조선역사』 혹은 『최신동국사』는 간민교육회에서 활동한 계봉우가 1912년에 발행한 것으로 알려졌다.[22] 계봉우는 1953년 5월 1일에 저술한 『조선역사』 「서언」에서

> 한일합병을 감행한 지 **제3년**에 나는 동만東滿지방의 교육에 종사하면서 중등학교용의 조선역사를 만들어 등사판으로 간행했다.

라고 하여 한일합병을 감행한 지 '제3년'에 중등학교용 『조선역사』를 간행한 것으로 회고하였다. 대부분의 연구자들이 이 '제3년'을 1912년으로 이해하였다.

그런데 『최신동국사』의 저술시기가 『조선역사』 「서언」의 내용과 다른 기록이 있어 주목된다. 조선총독부에서 1915년에 발행한 『교과용도서일람教科用圖書一覽』(개정9판)의 「발매반포금지도서發賣頒布禁止圖書」(59쪽)에는 저자 미상의 『최신동국사』에 대해 "건국 4246년 8월"인 1913년 8월에 발행되었으며 "다이쇼大正 2년 9월 10일부터 금지"라고 하여 1913년

---

22) 『중등조선역사』와 『최신동국사』와의 관계에 대해서는 Ⅲ장 1절을 참조할 것.

9월 10일 발행금지가 되었던 것으로 기록되어 있다.[23] 즉, 『최신동국사』
는 1913년 8월에 발행된 지 1달만인 1913년 9월 10일에 발매금지 처분
을 받게 되었다.

이처럼 『교과용도서일람』에 기록된 『최신동국사』의 발행년은 계봉우
가 1953년에 작성한 『조선역사』「서언」과 1년의 차이가 있다. 양자 중
어느 것이 정확할까? 『조선역사』「서언」을 작성한 시점인 1953년에 그
의 나이는 73세였다. 그는 73세라는 고령에 40여 년 전에 자신이 간행했
던 시점을 '한일합병을 감행한 지 제3년'이라고 회고한 것이다. 『최신동
국사』의 발행년을 1912년으로 보기 위해서는 고령의 회고가 정확하다는
전제가 있어야 한다. 그런데 『교과용도서일람』은 조선총독부에서 당시
직접 『최신동국사』를 검열한 후에 작성한 것이기 때문에 1913년 8월에
발행되었다는 사실을 부정하기가 어렵다.

그렇다면 『조선역사』「서언」에서 합병을 감행한 지 '제3년'이라고 한
시점을 다시 생각해 볼 필요가 있다. 통설대로 제3년을 한병된 1910년
[제1년]부터 3년이 되는 1912년이 아니라 합병된 지 제3년이 지난 1913
년[1910년+3년]을 지칭하는 것일 수도 있기 때문이다. 물론 『최신동국사』
의 초판이 발견된다면 이 문제는 자연스럽게 해결될 수 있을 것이다. 그
러나 현재로서는 『교과용도서일람』에 기록된 1913년 8월에 『최신동국
사』가 발행되었다고 보는 것이 타당하다고 본다.

---

23) 이 자료를 제공해 준 한국학중앙연구원 장신 교수에게 감사의 마음을 전한다.

Ⅲ. 『중등조선역사』·『최신동국사』· 『중등최신동국사』의 관계

1. 『중등조선역사』와 『최신동국사』의 관계

간민교육회에서 계봉우가 저술한 역사교과서는 그 서명이 『중등조선역사』 혹은 『최신동국사』로 알려졌다. 그렇다면 양자는 같은 책일까 아니면 전자가 나중에 후자로 제목이 바뀌어 발행된 것일까? 여기에서는 이 양자의 관계를 살펴보고자 한다.

먼저 계봉우가 1944년에 저술한 『꿈속의 꿈』과 1953년에 집필한 『조선역사』가 발견되기 이전에 나온 연구에서는 이와 관련하여 참고할 수 있는 자료로 김정명이 1967년에 편찬한 『한국독립운동Ⅲ -민족주의운동편-』에 수록된 〈재간도영국선교사항일독립운동원조在間島英國宣敎師抗日獨立運動援助에 관한 건〉이 유일하였다. 앞에서 살펴본 것처럼 이 보고에서는 1920년 당시 용정의 영신학교 교사 한익렬이 수업 교재로 사용하였던 계봉서 저술의 등사판 교재인 『최신동국사』가 1917년 음력 11월 하얼빈 보문사에서 발행한 『최신동국사』와 내용이 동일하다고 하였다. 당시까지 『최신동국사』에 대한 연구는 이 보고문의 범위 내에서 이루어질 수밖에 없었으며[24] 『오수불망』의 저자에 대한 언급도 찾아볼 수가 없었다.

이후 『조선역사』·『아령실기』·『동학당 폭동』 등 계봉우의 미발견 저작이 알려지고[25] 『꿈속의 꿈』·『조선문학사』 등이 『북우 계봉우 자료집

---

24) 이명화, 앞의 논문, 1988, 349~351쪽 ; 김흥수, 앞의 논문, 1991 ; 서굉일, 앞의 논문, 1991, 146~148쪽.
25) 윤병석, 앞의 논문, 1993b.

(1·2)』으로 발간되면서 계봉우의 저술활동에 대한 전반적인 검토가 이루어지게 되었다.[26] 이중 계봉우의 자서전인 『꿈속의 꿈』(1944.12.)에서 "이미 편찬하였던 중등 조선역사와 오수불망을 또한 간행하였다"라고 하였고, 1953년 5월 1일에 작성한 『조선역사』 「서언」을 통해 1912년에 『중등조선역사』를 발행했던 사실을 확인할 수 있었다.

이와 같이 〈재간도영국선교사항일독립운동원조에 관한 건〉에서는 1917년 하얼빈 보문사에서 『최신동국사』를 발행했던 사실을, 『꿈속의 꿈』·『조선역사』에서는 1912년에 『중등조선역사』를 발행했다고 하는 사실을 확인할 수 있다. 특히 후자는 계봉우 자신이 직접 밝힌 사실이기 때문에 그대로 받아들일 수밖에 없었다. 그래서 이전과 달리 계봉우가 1912년에 저술한 것이 『중등조선역사』이고 이것을 1917년에 하얼빈 보문사에서 『최신동국사』로 제목을 바꾸어 발행했다고 보는 견해가 제시되었다.[27]

그러나 이러한 견해를 받아들이기에는 미심적은 부분이 있다. 계봉우는 1916년 11월 용정영사관에서 비밀리에 파견한 일제 경찰들에게 피체된 후 국자가·용정·회령·청진·원산 등지의 유치소를 전전하다가 서울 남산의 경무총감부로 압송되고(그림2)[28] 12월 말경 소위 보안법 제5조에 의해 '영종도 1년간 금고형'을 받게 된다. 앞에서 인용한 〈재류금지

---

26) 윤병석, 앞의 논문, 1993a ; 조동걸, 앞의 논문, 1996.

27) 박주신, 앞의 책, 2000, 309쪽 ; 윤병석, 앞의 논문, 1996, 305쪽 ; 윤병석, 앞의 논문, 2010, 423~424쪽 ; 이영호, 앞의 논문, 2011, 93~95쪽.

28) 국가보훈처, 앞의 책, 2009, 78~79·254~256쪽. 〈그림2〉의 계봉우 사진(앞의 책, 화보 2쪽 수록)은 이 보고에 첨부된 것이다. 사진의 좌우에 붉은 글씨로 "桂奉瑀 当三十七年", "大正五年十一月廿八日ヨリ向フ三ケ年間在留禁止ス"라고 적혀 있는데 당시 37세로 1916년 11월 28일부터 향후 3개년간 재류를 금지한다는 내용이다.

〈그림2〉 계봉우(1916)

명령집행보고건在留禁止命令執行
報告件〉(1916.12.2.)에는 『최신
동국사』를 계봉우가 저술한 것
으로 되어 있다. 따라서 1917
년 이전에 이미 계봉우가 저술
한 『최신동국사』가 유통되었다
는 것을 알 수 있다. 또한 1917
년에 하얼빈에서 발간된 『최신
동국사』는 계봉우의 의도와 상
관없이 현지의 필요에 의해서
발행된 것으로 추정된다. 결국
1912년에 저술된 『중등조선
역사』가 1917년에 하얼빈에서
『최신동국사』라는 제목으로 발
행되었다고 본 견해는 재고할 필요가 있다.

그렇다면 언제부터 『최신동국사』라는 제목의 역사교과서가 발행되었
을까? 이와 관련하여 1914년 5월 29일 조선총독부 경무총장 다치바나
코이치로立花小一郎가 외무차관에게 보낸 〈출판물압수처분에 관한 건〉(高
圖祕發 제178호)[29]을 보면 아래와 같다.

〈出版物押收處分에 關한 件〉
左記 出版物은 在間島 排日鮮人의 團體인 協新會의 著作 發行과 관련된
不穩思想 鼓吹 目的으로 同會 附屬 學校 敎科書로 使用중인 것으로 이전

---

29) 이 자료를 제공해 준 한국학중앙연구원 장신 교수에게 감사의 마음을 전한다.

에 發賣頒布를 禁止했던 同會 發行『最新東國史』와 內容이 거의 同一한 것으로 安寧秩序를 妨害하는 것으로 인정되어 發賣頒布를 禁止해 押收處分에 이른 것입니다. 별지와 같이 譯文을 첨부하여 위 사항을 통보드립니다.

左記

一. 『(中等)最新東國史』壹卷 諺漢文 間島協新會 發行

(이하 생략)

보고문에서는 좌기左記의 『(중등)최신동국사』가 당시[1914년] 이전인 1913년에 간도협신회 부속 학교의 교과서로 사용된 『최신동국사』와 내용이 거의 같은 것으로 발매·반포를 금지해 압수처분했다는 내용이다. 여기에서 『최신동국사』는 1913년에 이미 금서로 지정된 상태에서 학교 교과서로 사용되고 있었다는 사실을 알 수 있다. 또한 앞에서 살펴본 것처럼 1915년에 발행된 『교과용도서일람』에서 『최신동국사』가 1913년 9월에 금서로 지정되었던 사실을 확인하였다.

계봉우가 『꿈속의 꿈』과 『조선역사』「서언」에서 1912년에 『(중등)조선역사』를 저술했다고 하는 기록과 1913년에 이미 『최신동국사』가 금서목록에 지정되었으며 간도에서 교과서로 사용되고 있었다는 사실과의 관계를 어떻게 이해해야 할까? 1912년에 『(중등)조선역사』를 저술하고 이듬해인 1913년에 바로 『최신동국사』로 제목을 바꾸어 발행했다고 보기는 어렵다고 본다. 만약 이렇게 제목을 바꾸어 발행했다면 계봉우가 그 사실을 몰랐을 리가 없기 때문이다. 한 가지 주목되는 사실은 계봉우는 스스로 자신의 저술에서 『최신동국사』를 저술했다고 언급한 적은 없다는 점이다. 그런 점에서 필자는 『(중등)조선역사』와 『최신동국사』가 동일저술이라고 보고 싶다.

그렇다면 왜 계봉우는 『최신동국사』를 『(중등)조선역사』라고 했을까?

먼저 그가 사회주의사상을 수용한 이후 1935년부터 저술하기 시작한 『조선역사』의 제목과 관련이 있지 않을까 한다. 그는 1944년 『오수불망』에서 '중등 조선역사'라고 하고 1953년 작성한 『조선역사』「서언」에서 "중등학교용의 조선역사를 만들어 등사판으로 간행했다"고 했다. 이처럼 '중등 조선역사'나 '중등학교용 조선역사'라고 표현한 것은 자신이 최종적으로 저술한 『조선역사』에 대한 상대적인 개념으로서 이전에 저술한 역사교과서를 '중등' 혹은 '중등학교용'이라고 칭한 것은 아닐까 한다.

또 『최신동국사』의 제목에서 동국東國이란 용어의 문제를 제기하고 싶다. 주지하듯이 동국은 중국에 대한 상대적인 개념으로서 주로 전근대시기 아국을 지칭하는 용어였다. 이 용어는 한말~1910년대까지 발행된 사서에도 보편적으로 사용되었다. 간도 동명학교에서 역사를 가르쳤던 황의돈도 1909년에 역사교과서로 『대동청사大東靑史』를 편찬했으며, 1911년 서간도에서 박은식은 『대동고대사론大東古代史論』을 지었고, 1907~1914년 신채호는 『대동역사大東歷史』를 저술하였다. 이후 황의돈은 1920년대에 『조선통사』(1920)·『조선신사』(1922)·『신편조선역사』(1923)·『중등조선역사』(1926)를 저술하면서 동국이라는 용어를 제목으로 사용하지 않았다. 박은식은 1915년에 『한국통사』를, 신채호는 『조선사연구초』·『조선상고사』를 저술하였다. 1920년대에 들어서면서 점차 동국·대동이라는 용어보다는 조선·대한·한국이라는 주체적인 용어가 사서의 제목으로 사용되었다.[30) 계봉우도 이러한 변화를 받아들여 『최신동국사』를 『조선역사』라고 표현한 것은 아닐까 추정해 본다.

한편 『우리국사』「제1편 상고사」 본문에는 표제와 달리 대한국사로 되

---

30) 김종복, 「한국 근대역사학의 발해사 인식 -남북국론을 중심으로-」 『한국사연구』 179, 2017, 178~187쪽. 이 논문에서 한말~일제시기에 발행된 역사서를 조사한 표를 참고하였다.

어 있다. 우리국사와 대한국사는 모두 조선역사와 같은 의미의 제목이라고 할 수 있다. 참고로 황의돈은 1922년 보성고등보통학교에서 『우리사史』[필자 소장본]라는 제목의 등사본 국사교재를 발행했는데 이 『우리사』는 1923년에 발행된 『신편조선역사』와 내용이 일치한다. 황의돈은 우리사를 조선역사와 같은 의미로 사용했던 것이다. 그렇다면 우리국사라는 서명이 대한국사·조선역사와 통용되었던 것으로 볼 수 있을 것이다.

2. 『최신동국사』와 『중등최신동국사』의 관계

앞 절에서 언급하였던 1914년 〈출판물압수처분에 관한 건〉에서 그 동안 알려지지 않은 『중등최신동국사』에 대한 언급이 있다. 보고문에는 당시 압수한 『중등최신동국사』에 대해 간도협신회에서 이미 발행되었던 『최신동국사』와 내용이 거의 동일하다고 하였다. 그러면서 압수한 책 일부의 번역문을 첨부하였다. 그 첨부 내용을 옮기면 아래와 같다.

一. 『(中等)最新東國史』壹卷 諺漢文　間島協新會 發行
　　　　　　　　　　　　　 發行年月日 未詳
　　　　　　　　　　　　　 謄寫板摺
　　第二編 上古
　　　第二章 第五節 新羅
新羅와 倭寇. 처음 赫居世(居)西干 建國 8년 倭寇가 邊境을 侵入했으나 王의 聖德을 듣고 스스로 退却했다. 南解次次雄의 世에 이르러 다시 入寇했지만 마침내 敗走하였고 그후 奈解尼師今, 助賁尼師今의 世에 이르러 또 入寇하자 이를 擊退했을 뿐만 아니라 因하여 兵威를 빛내서 九州各地를 征服하고 儒理尼師今 8년 즉 檀君 2624년[필자: 291년] 大軍을 보내서 大阪의 明石浦에 들어가 倭를 정복했다. 이로부터 倭患이 잠시 멈추었으나 訖解尼師今의 世에 이르러 倭가 또 入寇했지만 끝내 敗走하기에 이르렀다.

第七章 南北朝의 後期

第一節 支那 及 日本과의 關係

渤海의 武大王시대부터 日本은 누차 方物을 入貢하였고 新羅의 景德大
王은 日本의 交通을 許하지 않고 日本의 貢使를 쫓아 돌려보낸 것이 두
번에 달하였으나 哀莊大王의 世에 日本使臣을 보내서 황금을 바쳤고 이
로부터 일본은 누차 貢使를 보내서 貢物을 바쳤다.

번역문에 수록된 부분은 「제2편 상고, 제2장 제5절 신라」와 「제7장 남
북조의 후기, 제1절 지나 및 일본과의 관계」이다. 전자는 신라초기의 대
일관계를, 후자는 발해의 대일관계를 다룬 것이다. 이것은 압수된 『중등
최신동국사』(1권) 상고편 중에서 대일관계 부분만 번역한 것으로 보인다.

그런데 이 『중등최신동국사』의 장절 제목을 『최신동국사』 목차(표2·3)
과 비교해 보면 서로 일치하지 않는다. 『중등최신동국사』의 제2편은 내
용상 『최신동국사』의 제1편에 해당되나 후자에는 전자의 장절이 편제되
어 있지 않다. 『중등최신동국사』의 제7장은 『최신동국사』의 「제2편 중
고사」에 해당되나 후자에는 이런 내용이 없다. 또한 양자는 '장·과'와
'장·절'이라는 서로 다른 용어로 목차를 나누었다.

보고문에는 『중등최신동국사』가 기존의 『최신동국사』와 내용상 거의
동일하다고 했다. 그러나 첨부한 번역문은 『최신동국사』에 없는 내용이
다. 보고자의 의견을 존중한다면 번역 부분을 제외한 나머지 부분은 동일
한 것으로 볼 수 있을까? 현재로서 이 부분에 대해 명확하게 결론을 내리
기는 어렵다. 다만 기존에 알려진 『최신동국사』와 일부 내용이 다른 『중
등최신동국사』가 간도에서 교과서로 사용되었다는 점만은 확실하다.

한편 『최신동국사』는 간민교육회에서 발행된 이후 1917년 하얼빈에
서도 발행되었다. 그리고 1925년 압수된 문서목록에 의하면 상해에서 출

판된 『최신동국사』가 연길·화룡·왕청·혼춘 등에서 압수된 사실을 확인할 수 있다.[31] 1910년대 박은식·신채호 등 대표적인 민족주의역사가들이 역사연구서 및 교과서를 발행했지만 한국사 전체를 다루는 통사로서 교과서는 저술하지 않았다. 물론 황의돈이 1909년에 『대동청사』를 저술했지만 근대 이후 시기는 포함되지 않았고 1923년 『신편조선역사』에 이르러서야 경술국치까지를 서술 대상에 포함시켰다. 이런 점에서 1910년대까지 민족주의계열의 역사교과서로서 통사로 저술된 것은 계봉우의 『최신동국사』가 거의 유일하다고 할 수 있다. 따라서 간도를 포함하여 임시정부가 있던 상해에서조차 계봉우의 『최신동국사』를 발행하여 배포·사용했던 것이다. 이 과정에서 『최신동국사』를 저본으로 현지 학교의 사정에 따라 일부 내용을 첨삭한 변형된 형태의 교과서가 만들어졌고 그중의 하나가 바로 『중등최신동국사』가 아닐까 추정해 본다. 향후 이에 대한 추가적인 연구가 필요하다고 본다.

Ⅳ. 『우리국사』를 통해 본 계봉우의 한국사 서술과 인식

1. 한국사 서술 체계

앞의 Ⅱ장 2절에서 살펴본 것처럼 『우리국사』에서는 단군조선에서 경술국치까지의 한국사 전체를 상고사[부여시대, 사국시대], 중고사[남북조의 시대, 고려시대], 근고사[조선시대, 대한시대]로 시대구분 하였다. 이러한 시대

---

31) 국사편찬위원회, 「二. 滿洲에서의 獨立運動資料」 『韓國獨立運動史(五)』, 1968, 625쪽.

구분은 개항 이전 정통론에 입각한 것과 달리 근대역사학을 수용한 이후 양상을 반영한 것이다. 계봉우의 이러한 시대구분이 당시 다른 사서의 그 것과 어떠한 차이가 있는지를 살펴볼 필요가 있다.

한말부터 1913년 계봉우의 『최신동국사』가 저술되기 전까지 한국에서 출판된 대표적인 역사서와 목차[시대구분]를 나열하면 아래와 같다.[32]

〈표5〉 한말~일제초기 국내 및 간도에서 발행된 역사교과서의 목차 및 시대구분

	서 명	저자	발행	목차 / 시대구분
1	中等敎科 東國史略	玄采	1906.6	太古史(단군조선~삼한건국) 上古史(삼국분립~발해) 中古史(고려) 近世史(朝鮮記.上)
2	大東歷史	申采浩	1907~1914	太古史(단군건국~삼왕조분쟁) 上世史(삼왕조분쟁~발해멸망) 中世史(발해멸망~만주入寇) 近世史(만주入寇~佛寇격퇴) 最近世史(불구격퇴~금일)
3	初等 本國歷史	柳瑾	1908.4	上古(단군~삼한, 봉건시대) 中古(신라 · 구려 · 백제 · 가락 · 발해 · 태봉 · 견훤) 近古(고려) 國朝(本朝)
4	初等 大韓歷史	鄭寅琥	1908.7	上古(단군~삼한) 中古(신라 · 고구려 · 백제 · 五國)[가락 · 가야 · 발해 · 태봉 · 후백제] 近古(고려) 現世(本朝)
5	초등 대한력ㅅ	조종만	1908.9	上古(단군~삼한) 中古(신라 · 고구려 · 백제 · 가락 · 발해 · 태봉 · 견훤) 近古(고려) 國朝(本朝)
6	讀史新論	申采浩	1908.12	上世(단군시대~발해 멸망)

---

32) 김종복, 앞의 논문, 2017, 178~179쪽의 표를 일부 수정 · 편집한 것이다.

	서 명	저자	발행	목차 / 시대구분
7	初等 本國歷史	安鍾和	1909.11	上古(단군, 기자, 위만, 삼한, 부여) 中古(삼국, 가락, 발해, 태봉, 견훤) 近古(고려) 近世(本朝)
8	中等教科 大東靑史	黃義敦	1909	上古史(부여족 창립~漢族침입시대) [단군건국~삼한] 中古史(부여족의 雄飛시대) [삼국~원간섭기] 近古史(文興武衰時代) [원간섭기~세도정치기]
9	新撰 初等歷史	柳瑾	1910.4	檀君朝鮮記, 箕子朝鮮記 附. 衛滿朝鮮記 三韓記 三國記. 附 駕洛 新羅記 高麗記 本朝記

1909년 간도로 이주하기 전에 계봉우는 1906년 10월 김정규·권영호 등이 홍명학교를 세울 때 참여하여 조선역사·조선지리·한문을 담당하여 가르쳤다. 그리고 1908년에는 동경 유학생 모임인 태극학회에 가입하여 영흥지회를 결성하고 서북학회와 신민회에도 가입하였으며 함흥의 영생중학교에서 가르쳤다.[33] 그리고 국내에서 금서로 지정된 상당수의 역사교과서가 간도에서 사용되었다. 또한 1909년 간도 명성학교 교사로서 황의돈이 집필했던 『대동청사』도 알고 있었을 것이다. 따라서 1913년 간민교육회에서 계봉우가 『최신동국사』를 저술하기 이전까지 그는 국내와 간도에서 편찬·사용된 역사교과서의 내용을 대부분 파악하고 있었을 것으로 추정된다.

위 〈표5〉에서 알 수 있듯이 한말에 발행된 역사교과서들의 시대구분은

---

33) 조동걸, 앞의 논문, 1996, 132쪽.

① 태고사 · 상고사 · 중고사 · 근세사[『중등교과동국사략』], ② 태고사 · 상세사 · 중세사 · 근세사 · 최근세사[『대동역사』], ③ 상고 · 중고 · 근고 · 국조/현세/근세[『초등본국역사』· 『초등대한역사』· 『초등대한력亽』· 『초등본국역사』], ④ 상고사 · 중고사 · 근고사[『중등교과대동청사』] 등 크게 4가지로 나뉜다. 이중 『우리국사』[『최신동국사』]와 같이 상고사 · 중고사 · 근고사로 시대구분한 것은 황의돈의 『중등교과대동청사』가 유일하다.

황의돈은 상고사를 '부여족의 창립~한족침입시대'로 구분하고 원간섭기를 중고사와 근고사를 구분하는 기준으로 삼았다. 그런데 중고사 · 근고사를 구분하는 기준이 모호하고 다른 역사서와 차이가 많다. 황의돈은 1923년 『신편조선역사』를 발행하면서 이러한 시대구분을 버리고 상고사[단씨조선, 열국], 중고사[삼국시대, 남북양조시대], 근고사[고려시대], 근세사[조선시대], 최근세사[흥선대원군, 한일합병]로 바꾸었다. 이러한 시대구분은 1926년 『중등조선역사』에서도 그대로 이어졌다.

계봉우의 『최신동국사』는 황의돈의 『중등교과대동청사』와 같이 3시기 구분법을 사용하였지만 그의 시대구분과는 내용상 차이가 크다. 계봉우는 상고사에 부여시대 · 사국시대를 두었다. 부여시대는 ① 단군조선에 이은 부여의 건국, ② 기자동래에 의한 기씨조선, ③ 한강 이남 자지국自支國[필자: 目支國]의 진辰[한韓] 건국으로 구분하여 천하가 삼분되는 것으로 이해하였으며 이어서 위씨조선에 이은 사군四郡 설치, 부여의 동부여 · 북부여 · 졸본부여 등 3부여로 분화, 진辰이 삼한으로 분기된다고 보았다. 사국시대에는 졸본부여[고구려]를 중심으로 백제 · 신라 · 가락이 포함되어 있다.

중고사는 남북조시대와 고려시대로 구분하였다. 남북조시대는 발해를 중심으로 서술되었다. 사국시대와 남북조시대 개념은 1936년에 저술하기 시작한 『조선역사(1 · 2 · 3)』에도 그대로 이어진다. 이처럼 고조선

~남북국시대는 부여족과 그를 이은 고구려 · 발해를 중심으로 편제되어 있다.

근고사는 조선시대와 대한시대로 구분되었다. 그는 신채호처럼 무武보다 문文을 숭상한 조선시대를 부정적으로 보았다. 그리고 대한시대를 설정하여 고종의 집권부터 한말까지를 다루었다. 대한시대의 개념은 같은 시기 다른 사서에서는 찾아볼 수 없는 『최신동국사』만의 독특한 시대구분이라고 할 수 있다.

『최신동국사』에 서언이 없어서 신채호의 『대동역사』[34]처럼 명확하게 시대구분의 기준과 의미를 알 수는 없다. 그러나 계봉우가 기존 역사교과서에 사용된 것과는 다른 자신만의 기준으로 한국사를 시대구분 했던 것만은 사실이다.

2. 한국사 인식

1) 고조선 · 부여 · 진[삼한]과 사왕가四王家

『우리국사』「제1편 상고사」는 「제1장 부여시대, 제1과 단군의 건국」으로 시작된다. 그 내용을 옮겨보면 아래와 같다.

> 距今 四千四百一年(開國 四千二百七十八年부터)前 甲子年에 大白山(今白頭山) 檀木下에서 神人이 誕降하시니 名은 王儉이시니라. 距今 四千二百七十七年前 戊辰十月에 共和의 制로 推戴함을 받아 王이 되사 平壤에 都邑하시니 이가 우리 國民의 始祖 곳 檀君이시니라.

---

34) 김종복 · 박준형, 「『大東歷史(古代史)』를 통해 본 신채호의 초기 역사학」『동방학지』 162, 2013, 291~293쪽.

먼저 왕검이 지금으로부터 4401년[개국 4278년부터] 전 갑자년에 대백산[太白山] 단목 아래에 신인이 탄강하였고 지금으로부터 4277년 전인 무진 10월에 공화共和의 제制로 추대를 받아 왕이 되었으며 평양에 도읍하였다고 보았다. 이 왕이 곧 단군이라는 것이다.

개국 4278년은 『우리국사』가 발행된 시점인 1945년이다. 신인인 왕검이 백두산 신목에 내려온 시점은 4401년 전인 기원전 2457년이다. 왕검이 탄강한 지 125년째인 해인 기원전 2333년에 조선을 건국하여 단군이 되었다는 것이다. 1907~1914년에 신채호가 쓴 『대동역사』에서는 단군이 기원전 2365년에 태어나 32세[단군 원년]에 건국한 것으로 본 것과는 차이가 있다.[35]

이처럼 『우리국사』에는 신인 왕검의 강세년降世年과 개국 기원이 모두 나타나 있다. 그렇다면 왕검의 강세년[강세기원]은 어디에서 유래한 것일까? 이와 관련해서 박은식이 1911년에 저술한 『명임답부전明臨答夫傳』·『천개소문전泉蓋蘇文傳』·『발해태조건국지渤海太祖建國誌』·『몽배금태조夢拜金太祖』는 발행연도가 각기 대황조강세기원大皇祖降世紀元[4368년] 9~11월로 되어 있다. 대황조강세기원 4368년은 서기 1911년에 해당된다. 주지하듯이 박은식은 53세인 1911년 4월에 서간도 환인현으로 망명하여 대종교도인 윤세복의 집에 기거하면서 『대동고대사론』·『동명성왕실기』를 비롯한 위의 책을 동창학교 교재로 집필하였다. 이와 관련하여 『대종교중광육십년사大倧教重光六十年史』에서는

上元 甲子 十月 三日에 한배검께서 弘益人間과 光明理世의 큰 理念을 가지시고 神人으로 白頭山에 下降하신 以來 … 그後 두 甲子 戊辰 十月 三

35) 김종복·박준형, 앞의 논문, 2013, 306쪽.

日에 三千團部 백성들의 추대를 받아 임금(檀君)이 되신 다음 …36)

라고 하여 대황조강세기원은 단군이 임금이 되는 해인 무진년[기원전 2333 년]보다 이전인 상원上元 갑자년[기원전 2457년] 10월 3을 개천일로 삼은 것을 알 수 있다.37) 그래서 대황조강세기원은 단군조선의 건국을 기준으로 하는 단기보다 124년이 앞서게 된다. 결국 계봉우가 『우리국사』에서 '4401년 전 갑자년'이라 하고 '4277년 전 무진 10월'에 개국한 것으로 본 것은 대종교의 영향을 받은 결과라고 할 수 있다. 『우리국사』 「제3장 상고의 문화, 제3과 정치」에서 "단군 때에 행정구역은 삼천단부三千團部에 분分하고"라고 되어 있는데 이 삼천단부란 용어도 바로 대종교의 영향을 받아 나온 것이다. 그러나 신채호는 『대동역사』에서 대황조강세기원을 받아들이지 않고 단군기원만을 사용하였다.

왕검의 탄강신화는 『삼국유사』의 단군신화와는 다른 유형이다. 이러한 탄강신화는 이미 안정복의 『동사강목』(제1, 상)에서 "처음 동방에 군장이 없었는데 신인이 태백산 단목 아래로 내려왔고 국인이 추대하여 군으로 삼았으니 이가 단군이다(東方初無君長 有神人降于太白山檀木下 國人立以爲君 是爲檀君)"라고 한 것에서 확인된다. 『조선역대사략』(학부, 1895) · 『보통교과동국역사』(현채, 1909)와 신채호의 『독사신론』(상세, 제1장 단군시대)에서도 이러한 탄강신화가 보인다. 이러한 신화유형은 환웅이 낳은 단군이 조선을 건국했다는 신화유형과 함께 한말에 보편적인 인식이었다.

『우리국사』에서는 고조선의 범위를 북으로 흑룡강부터 남으로 조령鳥

---

36) 大倧敎倧經史編纂委員會, 「한배검信仰의 由來」 『大倧敎重光六十年史』, 大倧敎 總本司, 1971, 27쪽.

37) 대황조강세기원은 대종교에서 1910년 開天 연호로 용어를 교체한 뒤에도 지금까지 공식적으로 사용되고 있다.

嶺[문경]으로 보았다. 이러한 강역 인식은 신채호의 『독사신론』이나 『대동역사』에 보이는 남북 강역과 같으며[38] 도읍지를 평양으로 보는 것은 박은식의 『대동고대사론』과 같다.[39]

이어서 부여·기씨조선·진[한]에 대한 서술을 살펴보자. 이와 관련하『우리국사』「제1장 부여시대, 제3과 천하의 삼분」을 보면

> 檀君 一千〇四十八年에 其 子孫이 北方으로 옮겨 都邑하니 國號를 扶餘라 하니라. 遷都한 後 一百六十四年(檀君 一千二百十二年)에 殷(支那)人 箕子가 敀化하거늘 平壤에 封하엿더니 其 後孫이 점々 强大하여 西으로 永平府(遼水의 西 約一千五百里) 南으로 漢江의 땅을 차지 하니 이는 箕氏朝鮮이오 漢江의 南에는 自支國이 있어 스사로 서셔 國号를 辰(一云 韓)이라 하니 이에 天下가 三分하니라.

라고 되어 있다. 단군 1048년[기원전 1286년]에 단군의 자손이 평양에서 북방으로 도읍을 옮겨 국호를 부여라고 했고, 천도 후 164년 뒤인 단군 1212년[기원전 1212년]에 은인殷人 기자가 귀화하여 평양에 도읍했다는 것이다. 이 기자의 후손이 점점 세력을 키워 서쪽으로 영평부, 남으로 한강을 차지한 기씨조선이라는 것이다. 그리고 그 남쪽에 있던 자지국自支國[필자: 目支國]이 국호를 진辰[한韓]이라고 했다는 것이다. 결국 단군조선이 부여·기씨조선·진[한]으로 3분되었다고 보았다.

이후 「제4과 사군·삼부여·삼한」에서 기씨조선이 단군 2140년[기원전 194년]에 위씨조선이 들어서고 한무제에게 망하여 사군이 설치된다고

---

38) 김종복·박준형, 앞의 논문, 2013, 307쪽.

39) 박준형, 「백암 박은식의 고조선 인식 -신채호와 비교를 중심으로-」『한국사학보』 54, 고려사학회, 2014, 17쪽.

보았다. 이어서 단군 2275년[기원전 59년]에 부여에 내란이 생겨 해부루가 가섭원으로 옮겨 동부여를 세우고 해모수는 구도舊都에서 북부여를, 해동명解東明은 졸본에서 졸본부여를 칭하게 되어 부여가 삼부여로 분립되었다고 보았다. 그리고 진이 분립하여 삼한이 되었다는 것이다. 고조선의 영토에 한사군이 들어서고 부여는 삼부여로 진은 삼한으로 분립하는 것으로 이해한 것이다. 이처럼 고조선을 포함한 한국고대사를 부여 중심의 부여시대로 이해한 것을 알 수 있다. 이것은 신채호가 『독사신론』에서 제기한 부여족 중심의 역사인식의 영향을 받은 것으로 보인다.

『우리국사』에서는 소위 삼국시대가 아닌 사국시대라는 개념을 사용한다. 「제2장 사국시대, 제6과 사왕가의 분시」에서는 (졸본)부여를 계승한 고구려와 삼한을 계승한 백제·신라·가락을 포함하여 한국고대사를 사왕가, 즉 사국시대로 보았다. 과문한 탓인지는 모르겠으나 한말~일제초기 역사서에서 전통적인 삼국시대 개념을 탈피하여 사국시대를 설정한 것은 계봉우가 처음인 듯하다. 이러한 사국시대의 개념은 그가 1953년에 저술한 『조선역사』에도 그대로 이어진다.

「제2장 사국시대, 제1과 동명성제의 건국」에서 부여의 정통을 계승한 것은 졸본부여의 고구려로 보고 있다. 해동명이자 동명성제인 주몽이 고구려를 세운 것을 단군 2296년[기원전 38년]으로 보았다. 실제 고구려의 건국연대는 기원전 37년으로 1년의 차이가 있다. 「제6과 사왕가의 분시」에서 백제는 단군 2316년[기원전 18년]에 건국된 것으로 보았다. 이와 달리 신라에 대해서는 "신라는 동명성제 21년[40)에 박혁거세가 창건한 바

---

40) 백제는 단군 2316년[기원전 18년]에 건국한 것을 단기로 표기하였고 신라는 東明聖帝 21년[기원전 18년]에 건국한 것을 동명성왕 즉위년 기준으로 표기하였다. 앞의 '第二課 琉璃大王과 慕本大王의 武功'에서 유리대왕은 단군 2315년[기원전 19년]에 즉위한 것으로 되어있다. 신라의 건국을 고구려 창

요"라고 하여 단군 기원이 아니라 동명성제 21년[기원전 18년]에 건국된 것으로 보았다. 주지하듯이 신라의 건국은 기원전 57년이다. 이와 달리 계봉우는 신라의 건국을 고구려보다 늦은 백제와 같은 해로 보았다. 그런데 동명성제[동명성왕]는 18년간 재위하였고 「제2과 유리대왕과 모본대왕의 무공」에서는 유리대왕이 단군 2315년[기원전 19년]에 즉위한 것으로 되어 있다. 즉, 신라의 건국년인 기원전 18년은 유리대왕 즉위 2년에 해당된다. 결국 신라의 건국을 고구려의 시조인 동명성제를 기준으로 본 것이다. 가락은 『삼국유사』의 기록과 같이 기원 42년에 건국된 것으로 보았다.

이와 달리 신채호는 『대동역사』에서 신라를 기원전 57년, 고구려를 기원전 37년, 백제를 기원전 18년으로 실제 사실에 부합되게 보았다.[41] 황의돈도 『대동청사』에서 '신라 → 고구려 → 백제' 순으로 건국한 것으로 보았다.

이러한 계봉우의 인식은 확실히 역사적 사실史實과는 다른 측면이 있다. 고구려를 중심으로 한국고대사를 정리하다가 보니 건국연대마저 사실과 다르게 서술한 것으로 보인다. 고구려 중심의 역사서술은 건국연대뿐만 아니라 「제2장 사국시대」의 목차 구성에서도 확연하게 드러난다. 전체 22과에서 제13·17·18·21과를 제외하고 모두 고구려를 중심으로 편제되어 있다. 특히 광개토대왕을 2개 과[제9·10과]로 편성한 점에서 대외팽창과 관련된 민족주의적 서술경향을 강하게 엿볼 수 있다. 이처럼 간도의 민족주의계열의 학교에서 이루어진 역사교육의 목표는 '역사지식

건자인 동명성제를 기준으로 계산하였다. 『삼국사기』에는 백제가 기원전 18년, 신라가 기원전 57년에 건국된 것으로 되어 있다.
41) 김종복·박준형, 앞의 논문, 2013, 389쪽.

의 교육'보다는 '역사인식의 교육'에 초점을 맞춘 것으로 볼 수 있다.[42]

2) 남북조시대

『우리국사』「제2편 중고사」는「제1장 남북조의 시대」로 시작한다. 남북조[국]의 개념은 조선후기 실학자들의 발해 인식이 한말에 확산되면서 나온 것이다. 그러나 한말 교과서에서 발해를 강조한 사례는 많이 보이지만 정작 신라를 포함하여 남북조[국]로 시대구분한 사례는 보이지 않는다. 발해와 신라를 남북조라는 개념으로 적용한 사례는 1911년 11월에 박은식이 저술한 『발해태조건국지』가 처음이고 이후 1917년 장도빈의 『조선연표』에서 '남북조'가, 1922년 황의돈의 『조선신사』에서 '남북양조시대南北兩朝時代'가 사용되면서 좀더 보편화되었다.[43] 이런 점에서 계봉우가 1913년에 남북조라는 용어를 사용한 것은 학사적으로 매우 빠르다고 할 수 있다. 물론 1908년 『독사신론』에서 신채호가 '양국兩國된 시대'라는 개념을 사용하면서 발해의 역사를 강조하면서 우리 역사를 부여족과 고구려-발해를 중심으로 인식하였던 흐름과 무관하지는 않다고 본다.

「제1장 남북조의 시대」는 전체 11과 중에서 발해와 관련된 제목이 6과나 된다. 특히 발해의 왕에는 신라 왕과는 달리 무대왕武大王·문대왕文大王·선대왕宣大王·애대왕哀大王처럼 대大자를 넣어 표기하였다. 이런 점에서 확실히 계봉우는 신라보다는 발해를 중심으로 남북조시대를 이해한 것을 알 수 있다.

주지하듯이 발해의 존속기간은 698~926년이다. 그러나 「제3과 대조영의 흥복」에서는 실제보다 1년이 빠른 단군 3030년인 697년에 발해

---

42) 서굉일, 앞의 논문, 1985, 275쪽 ; 이영화, 앞의 논문, 2008, 350쪽.
43) 김종복, 앞의 논문, 2017.

가 건국된 것으로 되어 있다. 「제10과 남북조의 망」에서는 발해가 단군 3259년[926년]에 실제 멸망한 것으로 보았다. 그러면서 "발해가 건국한 지 228년만에 망하니라"라고 하여 발해가 건국한 지 228년만에 망한 것으로 보았다. 그러나 697년을 기준으로 할 때 발해는 건국한 지 229년만에 망했다. 여기에는 계산상의 오류가 있었던 것으로 보인다.

한편 신라의 존속기간은 기원전 57~935년이다. 앞서 『우리국사』 제2장 제6과에서 신라를 백제와 같은 기원전 18년에 건국된 것으로 보았다. 「제10과 남북조의 망」에서는 신라가 단군 3267년인 934년에 멸망한 것으로 되어 있다. 그러면서 "신라가 건국한 지 992년만에 망한지라"라고 하여 신라가 건국한 지 992년만에 망한 것으로 보아 실제 신라 멸망과 1년 차이가 있다. 『우리국사』처럼 신라 존속기간을 기원전 18~934년으로 보면 신라는 건국한 지 951년만에 망하는 것이 된다. 본문의 992년과는 상당한 차이가 있다. 이와 달리 실제 신라 존속기간을 기원전 57~935년으로 계산하면 신라는 건국한 지 991년만에 망하고 992년 동안 존속한 것이 된다. 아마도 여기에는 계산상의 착오가 있었던 것으로 보인다.

3) 고려시대

『우리국사』 「제3장 고려시대」는 「제1과 고려의 통일」로 시작된다. 「제1장 남북조의 시대」에서 살펴본 것처럼 계봉우는 이 시기를 신라의 통일이 아니라 발해를 중심으로 한 남북조시대로 이해하였다. 계봉우는 고려에 의한 후삼국의 통일을 강조하였다. 또한 「제2과 발해구강의 모복」에서 태조가 후진後晉의 석경당石敬唐에게 사신을 보내며 "거란이 나의 동족 발해를 멸한 고로 내가 거란을 쳐서 취코저 한즉 조력하라 하더니 앗갑다 태조가 붕하니 끚이고 마니라"라고 한 것을 통해 발해를 '동족'으로 보고 거란을 공격하려다가 태조의 붕어로 실행되지 못한 점을 매우 아쉬워했다. 계봉우는 민족사적 의미에서 고려의 통일을 매우 중요시했던 것을 알수 있다.

몽골의 침입과 강화에 대해서도 몽골이 아세아 및 구라파의 열국을 모두 공취했으나 고려만은 성공하지 못했기에 강화조약이 체결된 것으로 보았다. 이것은 고려와 몽골의 관계를 좀더 주체적인 측면에서 이해한 것으로 보인다. 또한 기존 역사서에서 원간섭기 왕의 시호를 충선왕忠宣王ㆍ충숙왕忠肅王ㆍ충혜왕忠惠王ㆍ충목왕忠穆王으로 썼던 것에 비해「제16과 국세의 부흥」에서 선효제宣孝帝ㆍ의효제懿孝帝ㆍ헌효제獻孝帝ㆍ현효제顯孝帝로 공민왕도 경효제敬孝帝처럼 자주국가로서의 황제칭호를 사용하였다. 이러한 황제칭호는 다른 사서에서 찾아보기 어려운 것으로 계봉우만의 독창적인 인식의 발호라고 할 수 있다.

경효제[공민왕]가 이성계를 보내 압록강을 건너 오라산성兀剌山城[懷仁縣부근]과 동녕부東寧府[奉天]를 수복한 것을 강조하였으며(「제18과 구강의 수복」), 최영의 정명征明 활동을 2개 과에 걸쳐 상세히 다루었다(「제19ㆍ20과 최도통의 정명(1ㆍ2)」). 이와 달리 이성계가 위화도회군에 이어 최영을 죽이고 집정한 것에 대해서는 "오호라 우리 민족의 외정사상外征思想이 이때에 끈허지니라"라고 하여 이성계에 대해 혹평하였다(「제20과 최도통의 정명(2)」). 이러한 인식은 뒤에서 살펴볼 조선의 건국에 대한 부정적인 인식과도 연결된다.

또한 고려시대 불교와 유교에 대한 상대적인 평가는 계봉우의 인식을 잘 보여준다.「제4장 중고의 문화(2), 제1과 종교」에서 "대개 승도僧徒는 존왕애국尊王愛國의 풍기風氣가 많으나 유가는 본국을 자비自卑하여 무강武强을 배척함으로 국수國粹가 감삭減削되고 맛참내 문약文弱함에 이르니라"라고 하여 불교[승도]는 존왕애국으로 유가는 본국자비의 사상으로 보면서 유가에 의해 국수가 멸삭되어 문약함에 이르게 되었다고 보았다. 결국

이러한 유가사상에 의해 건국된 조선은 문약주의로 빠질 수밖에 없다는 것이다.

이와 달리 황의돈은 『대동청사』(1909) 「7장 고려의 쇠망」에서 "대체로 고려는 400년 동안에 임금이 임금답지 못하였고, 신하가 신하답지 못하였기 때문에 내란이 겨우 진정되어도 외부의 적이 계속해서 이르게 되었으며, 이에 권세를 잡은 신하가 전권을 휘두르다가 끝내 왕실이 뒤바뀌고 천명이 올바르게 되었던 것이다"라고 하여 고려의 멸망을 당연한 것으로 보면서 조선의 건국을 긍정적으로 보았다. 이런 황의돈의 고려시대에 대한 인식은 계봉우와는 확연하게 차이가 난다. 이미 1909년에 중등용 교과서로 발행된 황의돈의 『대동청사』가 있었지만 계봉우가 새롭게 중등용 역사교과서를 쓸 수밖에 없었던 이유가 바로 이러한 역사인식의 차이 때문일 수도 있다고 본다.

한편 계봉우는 고려가 918년에 건국되어 1391년에 망한 것으로 보았다. 그에 의하면 고려의 존속기간은 474년이 된다. 그러나 「제22과 고려의 망」에서 "고려가 건국한지 475년만에 망하니라"고 하여 고려가 건국한 지 475년만에 망한 것으로 되어 있다. 그런데 실제 고려는 1392년에 망하였으며 실제 고려의 존속기간은 475년이 된다. 아마도 계봉우가 계산상에서 착오를 일으킨 것으로 보인다.

4) 조선·대한제국시대

고려의 멸망에 이어 조선의 건국에 대한 계봉우의 평가는 「제3과 치국의 대실책」에서 잘 드러난다.

> 太祖가 建国할 때에 그 功臣에 西北사람이 가장 많음으로 西北사람은 大用치 말게 하고 또 国을 治함에 姑息을 主하여 文을 尙하고 武를 抑하

며 外交上에 柔弱主義를 行하고 太宗은 婦女의 改嫁를 禁하며 嫡庶의 階級을 定하니 此가 亡国의 原因이 되니라.

계봉우는 문文을 상尚하고 무武를 억抑하며 외교상 문약주의를 행했고 부녀의 개가改嫁를 금하고 적서의 계급을 정한 것이 망국의 원인이 된다고 보았다. 또한 「제6과 사화의 누기」에서

太祖의 世부터 文弱의 主義로 政治의 本을 삼은 故로 国家의 実力이 날로 減削하더니 燕山王때에 戊午士禍와 甲子士禍가 이러나고 中宗때에 己卯士禍가 이러나고 明宗때에 乙巳士禍가 이러나니 이에 人才가 거의 盡하고 国運이 더 傾하니라.

라고 하여 문약주의에 빠진 조선이 결국 사화가 연속적으로 발생할 수밖에 없었으며 이것은 국운이 기운 것으로 보았다. 이러한 인식은 신채호와 같은 민족주의계열의 역사인식과 일정하게 궤를 같이 하는 것으로 볼 수 있다.

이와 달리 황의돈은 『대동청사』 「8장 태조의 건국과 세종의 정치」에서 "단기 3725년[1392] 임신 가을 7월 17일 병신에 태조고황제太祖高皇帝께서 배극렴·조준·정도전 등 여러 신하의 추대에 응하여 송도 수창궁에서 즉위하시니, 당시 태조의 춘추 58세였다"라고 하여 태조에 대한 극존칭을 사용하면서 조선의 건국을 매우 높이 평가하였다.

『우리국사』에서는 임진왜란을 서술하면서 의병의 봉기를 강조하였고 (「제8과 각도의 의병」) 국난 극복의 상징으로서 이충무공에 대한 위훈을 높이 평가하였다(「제9과 이충무의 위훈」). 이러한 의병에 대한 인식은 한말 의병에 대한 서술에서도 그대로 이어진다.

한편 계봉우는 이징옥·이시애의 난(「제5과 세조시의 혁명란」), 인조대 이

괄의 난, 영조대 이인좌의 난을 혁명으로, 나아가 순조대 홍경래난을 "홍경래는 이조 500년에 가장 유명한 대혁명이니라"(「제13과 당쟁 및 문벌의 폐해」)고 하여 조선시대 가장 유명한 대혁명으로 보았다. 이것은 계봉우가 사회주의사상을 수용하기 이전이지만 평민에 의한 혁명을 매우 높이 평가했던 것을 알 수 있다.

『우리국사』「제3편 근고사」의 마지막 장은 「제3장 대한시대」이다. 앞에서 살펴본 것처럼 당시 역사서에는 개항 이후를 최근세사 혹은 본조本朝라는 시대로 구분하였지만 계봉우는 그와 달리 대한시대라는 개념을 사용하였다. 그러면서 고종의 즉위부터 광무제라는 칭호를 사용하였고 이에 따라 대원군大院君도 대원왕大院王으로 보았다.

제3장에서 계봉우가 가장 강조한 것은 바로 의병과 학교 교육에 관한 부분이다. 일제의 강압에 의해 국권을 상실했지만 언젠가는 다시 국권을 회복해야 하기 때문이었다. 『우리국사』의 마지막 부분인 「제17과 합병의 치욕」는 "오호라 단군의 자손된 청년제군은 이날을 잊지 말고 크게 분려奮勵하여 국치國恥를 쾌설快雪할지어다"라고 하면서 끝을 맺는다. 이것은 국치를 설욕하고 국권을 회복하기 위해서는 의병의 전통을 이어 독립운동을 해야만 했고 그러한 독립운동을 위한 인재를 양성하기 위해서는 근대적·민족주의적인 학교 교육이 중요하다는 점을 강조한 것이다. 그는 이러한 인재양성을 위한 교육의 핵심에 바로 역사교육에 있다고 보았다. 그가 『최신동국사』라는 역사교과서를 저술했던 이유가 바로 여기에 있다고 할 수 있다.

V. 『우리국사』 발행의 의미

이제까지 해방 직후 간도에서 발행된 역사교과서인 『우리국사』를 통해

1910년대 계봉우의 한국사 인식에 대해 살펴보았다. 여기에서는 앞에서 다룬 내용을 요약하고 간도에서 계봉우의 『우리국사』가 발행된 의미를 살펴보겠다.

1945년 11월 간도에서 발행된 저자 미상의 『우리국사』는 1913년 8월 계봉우가 간민교육회에서 저술한 『최신동국사』와 같은 것이었다. 『교과용도서일람』(1915)에 의하면 『최신동국사』는 발행된지 1달만인 1913년 9월에 금서로 지정되었다. 또한 『최신동국사』와 일부 내용을 달리하는 『중등최신동국사』(1914)가 간도에서 교과서로 사용되기도 했다.

계봉우는 한국사 전체를 상고사[부여시대·사국시대], 중고사[남북조시대·고려시대], 근고사[조선시대·대한시대]로 구분하였다. 이러한 시대구분은 한말~일제초기 다른 역사서에서 찾아볼 수 없는 그만의 독창적인 것이었다.

그는 부여시대를 단군조선이 부여·기씨조선·진[한]으로 3분되고 부여가 다시 동부여·북부여·졸본부여로, 진이 삼한으로 분기되는 시대로 이해하였다. 또한 그는 가락을 포함한 사국시대에서는 졸본부여[고구려]를 중심으로, 남북조시대에서는 발해를 중심으로 서술하였다. 이러한 부여족 중심의 한국고대사 인식체계는 박은식·신채호의 영향을 받은 것으로 보인다.

그는 신라가 아닌 고려에 의한 민족의 통일을 강조하였다. 그는 원간섭기 왕의 시호를 충선왕·충숙왕·충혜왕·충목왕이 아닌 자주국가로서 황제칭호인 선효제宣孝帝·의효제懿孝帝·헌효제献孝帝·현효제顯孝帝로 표기하였다. 이러한 황제칭호는 다른 사서에서 찾아볼 수 없는 계봉우만의 독창적인 인식의 발호라고 할 수 있다.

그는 불교를 숭배하였던 고려에 대한 긍정적인 평가와 달리 유교에 빠진 조선을 부정적으로 보았다. 그는 조선이 문文을 상尙하고 무武를 억抑

하며 외교상 문약주의를 행했고 부녀의 개가를 금하고 적서의 계급을 정한 것이 망국의 원인이라고 보았다.

그는 국권을 회복하기 위해서는 의병의 전통을 이어받아 독립운동을 해야만 했고 그러한 독립운동을 위한 인재를 양성하기 위해서는 근대적·민족주의적인 학교 교육이 중요하다는 점을 강조하였다. 그는 이러한 교육의 핵심이 역사교육에 있다고 보았다. 그가 『최신동국사』라는 역사교과서를 저술했던 이유가 바로 여기에 있었던 것이다.

해방 직후 간도에서는 역사교육을 정상화해야 할 당면 과제가 있었다. 이 과정에서 만주국시기에 쓰였던 역사교재를 대신할 새로운 교과서가 필요하였다. 당장 교과서를 집필할 여유가 없었던 상황에서 북간도의 중등학교에서는 일제시기 가장 많이 쓰였던 계봉우의 『최신동국사』를 『우리국사』로 제목을 바꾸어 교과서로 사용하였다. 앞으로 『최신동국사』[『우리국사』]를 통해 계봉우의 역사인식뿐만 아니라 간도에서 이루어진 역사교육에 대한 연구가 좀더 활발히 이루어지기를 바란다.

제2장

『우리국사』 원문原文

『우리國史국사』(一) 上古史상고사

目次

---

1) 원본 목차에는 '遠交近功'으로 되어 있으나 본문에는 '遠交近攻'으로 되어 있다. 이에 바로 잡았다.

---

2) 원본에는 '金庾臣'으로 되어 있으나 바로 잡았다.

大韓國史대한국사[3]

第一編제1편 上古상고

第一章제1장 扶餘時代부여시대

第一課제1과 檀君단군의 建國건국

距今거금 四千四百一年4401년(開國개국 四千二百七十八年4278년부터) 前전[4] 甲子年갑자년에 大白山대백산(今금 白頭山백두산) 檀木下단목하에서 神人신인이 誕降탄강하시니 名명은 王儉왕검이시니라. 距今거금 四千二百七十七年4277년 前전[5] 戊辰무진 十月10월에 共和공화의 制제로 推戴추대함을 받아 王왕이 되사 平壤평양에 都邑도읍하시니 이가 우리 國民국민의 始祖시조 곧 檀君단군이시니라.

第二課제2과 檀君단군의 治化치화

太子태자 扶婁부루가 陶器도기를 지으며 史官사관 神誌신지가 文字문자를 펴며 相臣상신 高夫설부가 火食화식을 가르치며 將軍장군 彭吳팽오가 오랑캐

---

3) 표지에는 서명이 '우리國史'로 되어 있으나 본문에는 '大韓國史'로 되어 있다.

4) 距今 4401년 전은 開國 4278년(1945)을 기준으로 계산하면 기원전 2457년 이 된다.

5) 距今 4277년 전은 기원전 2333년이다. 王儉이 誕降한 지 125년째에 (고)조 선을 건국한 것이다.

를 물니치고 山川산천을 通통하나라. 檀君단군이 이에 百姓백성을 가르처 髮발을 編편케 하고 生活制度생활제도를 세우니 그 治化치화의 미친 疆域강역[6]이 北북으로 黑龍江흑룡강부터 南남으로 鳥嶺조령(聞慶문경)을 넘으니라.

第三課제3과 天下천하의 三分삼분

檀君단군 一千○四十八年1048년[7]에 其기 子孫자손이 北方북방으로 옴겨 都邑도읍하니 國號국호를 扶餘부여라 하니라. 遷都천도한 後후 一百六十四年 164년(壇君단군[8] 一千二百十二年1212년[9])에 殷은(支那지나)人인 箕子기자가 敀化귀화하거늘 平壤평양에 封봉하엿더니 其기 後孫후손이 점々 强大강대하여 西서으로 永平府영평부(遼水요수의 西서 約약 一千五百里1500리) 南남으로 漢江한강의 땅을 차지하니 이는 箕氏朝鮮기씨조선이오 漢江한강의 南남에는 自支國자지국[10]이 있어 스사로 서셔 國号국호를 辰진(一云일운 韓한)이라 하니 이에 天下천하가 三分삼분하니라.

第四課제4과 四郡사군·三扶餘삼부여·三韓삼한

檀君단군 二千百四十年2140년[11]에 箕子기자의 四十一世孫41세손 箕準기준이 燕연(支那지나)人인 衛滿위만에게 亡망하고 衛滿위만이 平壤평양을 웅거하니 이는 衛氏朝鮮위씨조선이오 孫손 右渠우거에 이르러 漢한(支那지나)主주 武

---

6) 원본에는 '疆域'으로 되어 있으나 바로 잡았다.

7) 기원전 1286년.

8) 이 부분과 「제1편 제3장 제4과 法典」에서만 壇君으로 썼다.

9) 기원전 1212년.

10) 目支國의 誤記로 보인다.

11) 기원전 194년.

帝무제에게 亡망하고 衛氏위씨 几범 二世2세에 이르러 漢한이 그 땅을 分분하야 樂浪낙랑·玄菟현도·臨屯임둔·眞番진번의 四郡사군으로 두니라.

檀君단군 二千二百七十五年2275년[12])에 扶餘부여에 內亂내란이 잇서 王왕 解夫婁해부루는 迦葉原가섭원에 옴겨 都邑도읍하여 東扶餘동부여라 稱칭하고 解慕漱해모수는 舊都구도에 스사로 서서 北扶餘북부여라 稱칭하고 解東明해동명은 卒本졸본에 스사로 서서 卒本扶餘졸본부여라 稱칭하니 이에 扶餘부여가 分분하야 三扶餘삼부여가 되고 辰진은 分분하야 辰진·弁변·馬마 三韓삼한이 되니라.

第二章제2장 四國時代사국시대

第一課제1과 東明聖帝동명성제의 建國건국

東明聖帝동명성제의 일홈은 朱蒙주몽이니 北扶餘王북부여왕 解慕漱해모수의 子자. 東扶餘동부여에서 生長생장하야 어릴 때부터 武藝무예가 남보다 나으매 金蛙금와의 七子7자가 죽이고저 하거늘 朱蒙주몽이 卒本扶餘졸본부여에 다라나서 王왕이 되여 蠻族만족을 驅逐구축하고 四郡사군을 恢復회복하니 그때는 檀君단군 二千二百九十六年2296년[13])이더라.

第二課제2과 琉璃大王유리대왕과 慕本大王모본대왕의 武功무공

檀君단군 二千三百十五年2315년[14])에 琉璃大帝유리대제가 立입하사 將軍장군 扶芬奴부분노의 策책을 取취하여 扶餘부여를 滅멸하며 鮮卑선비를 降항하

---

12) 기원전 59년.
13) 기원전 38년. 고구려의 실제 건국연대는 기원전 37년이다.
14) 기원전 19년.

고 漢한(支那지나)의 高句麗縣고구려현을 取취하며 檀君단군 二千三百五十一
年2351년[15]에 大武帝대무제가 立입하사 東明聖帝동명성제의 廟묘를 建건하시
며 外征외정에 用意용의하사 東扶餘동부여 · 蓋馬개마 · 句茶구다 · 樂浪낙랑等
國등국을 討降토항하다.

慕本大王모본대왕은 漢한의 北平북평 · 漁陽어양 · 上谷상곡(今금 直隸省직예성
內내) · 太原태원(今금 山西省산서성)을 伐벌하니 이는 高句麗고구려의 全盛時代
전성시대이니라.

第三課제3과 弑王시왕의 始시

次大王차대왕 遂成수성이 鮮卑선비와 漢한을 累次누차 처서 익이고 驕漫교
만하여 人民인민을 暴虐포학하거늘 檀君단군 二千四百九十八年2498년[16]에
椽那大仙연나대선 明臨答夫명임답부가 民兵민병을 이르켜 次大王차대왕을 죽
이고 新大王신대왕 伯固백고를 세워 그 苛政가정을 더니라.

第四課제4과 毌丘儉관구검의 亂난

東川王동천왕때에 魏위(支那지나)將장 毌丘儉관구검이 入寇입구하거늘 王왕
이 싸홈에 敗패하여 北沃沮북옥저로 다라나더니 義士의사 紐由유유가 거즛
魏陣위진에 항복하여 그 先鋒선봉을 죽이고 將軍장군 密友밀우가 그 뒤를 따
라 魏兵위병을 大破대파하매 王왕이 이에 還都환도하야 平壤평양에 移이하시
니 때는 檀君단군 二千五百八十年2580년[17]이더라.

---

15) 원본에는 '檀君 二千五十一年'으로 되어 있다. 단군 2051년은 기원전 283년
    이므로 내용상 맞지 않는다. 大武帝[大武神王]의 즉위년은 기원 18년인 단군
    2351년이므로 원본에 '三百'이 누락된 것이다. 이에 바로 잡았다.
16) 165년.
17) 247년.

第五課제5과 慕容皝모용황의 乱난

烽山大王봉산대왕때에 鮮卑선비 慕容廆모용외[18]가 叛반하거늘 大兄대형 高奴子고노자를 보내여 討逐토축하더니 故國原大王고국원대왕때에 이르러 廆외의 子자 皝황이 入寇입구하여 都城도성을 破파하는지라. 王왕이 沃沮옥저로 다라나더니 百姓백성이 義兵의병을 이르켜 鮮卑선비를 破파하매 王왕이 還都환도하니라.

第六課제6과 四王家사왕가의 分時분시

高句麗고구려가 毌丘儉관구검과 慕容皝모용황의 乱난을 지나매 国力국력이 弱약하고 政治정치가 衰쇠한지라. 이에 南方남방에서 三王家삼왕가가 興흥하니 一일은 新羅신라 一일은 百済백제 一일은 駕洛가락이라.

百済백제는 檀君단군 二千三百十六年2316년[19]에 東明聖帝동명성제의 次子차자 溫祚온조가 刱建창건한 바요 新羅신라는 東明聖帝동명성제 二十一年21년[20]에 朴赫居世박혁거세가 刱建창건한 바요 駕洛가락은 大武神大王대무신대왕 二十五年25년 即즉 檀君단군 二千三百七十五年2375년[21]에 金首露김수로가 刱建창건한 바니라.

---

18) 원본에 慕容皝으로 되어 있으나 慕容廆가 맞다.

19) 기원전 18년.

20) 백제는 단군 2316년(기원전 18)에 건국한 것을 단기로 표기하였고 신라는 東明聖帝 21년(기원전 18)에 건국한 것을 동명성왕 즉위년 기준으로 표기하였다. 앞의 「第二課 琉璃大王과 慕本大王의 武功」에서 유리대왕은 단군 2315년(기원전 19)에 즉위한 것으로 되어 있다. 신라의 건국을 고구려 창건자인 동명성제를 기준으로 계산한 것이다. 『삼국사기』에는 백제가 기원전 18년, 신라가 기원전 57년에 건국된 것으로 되어 있다.

21) 기원 42년.

이 三王家삼왕가가 高句麗고구려의 北方북방에 일이 많은 機会기회를 타서 傍近근방 部落부락을 並呑병탄하여 強大강대하니라.

第七課제7과 麗済交悪여제교악의 始시

百済백제 近肖古王근초고왕이 武政무정을 大張대장하야 東동으로 新羅신라를 迫박하야 居留城거류성을 置치하고 西서으로 晋진(支那지나)을 쳐서 遼西요서·晋平진평 二郡2군(直隷省직예성 東北部동북부) 및 浙東절동(浙江省절강성 東部동부)을 取취하고 北북으로 高句麗고구려 都城도성을 엄습하여 故國原大王고국원대왕을 죽이니 이것이 麗済交悪여제교악의 始시가 되니 時시는 檀君단군 二千七百〇三年2703년[22]이더라.

第八課제8과 故國壤大王고국양대왕의 功績공적과 新羅신라의 始強시강

故國壤大王고국양대왕은 그 아버지 小獸林大王소수림대왕의 盛治성치를 継述계술하여 그 元年원년에 大兵대병을 거나리고 鮮卑선비 慕容垂모용수를 처서 遼東요동을 恢復회복하고 또 新羅신라와 駕洛가락을 連和연화하여 百済백제를 帝制제제하더라.

이때 新羅신라 金奈勿尼師今김내물이사금이 서서 麗済여제의 交爭교쟁하는 틈을 타서 政治정치를 講강하고 國民국민을 가르쳐 国勢국세가 날노 強강하더라.

第九課제9과 廣開土大王광개토대왕의 功德공덕

檀君단군 二千七百二十四年2724년[23]에 蓋世英主개세영주 廣開土大王광개

---

22) 370년.
23) 391년.

토대왕이 卽位즉위하시니 高句麗고구려 님금 中중에 土地토지를 가장 넓이 開
拓개척하엿더라.

王왕이 어릴 때부터 아버지 故国壤大王고국양대왕을 따라 軍旅군려의 일
을 익히고 少年소년에 太子태자로 將帥장수가 되여 累次누차 敵兵적병을 破파
하더니 밋 卽位즉위하매 곳 百済백제 名将명장 眞武진무를 破파하여 五十八
城58성을 取취하고 卽位즉위한 지 十年10년(檀君단군 二千七百三十三年2733
년[24])에 倭왜가 百済백제와 和화하야 新羅신라를 침노하거늘 王왕이 倭왜를
크게 破파하여 新羅신라를 구원하고 그 後후에 倭왜가 또 帶方대방을 入寇
입구하거늘 王왕이 五萬兵5만병을 보내여 倭왜를 滅멸하고 얻은 바 鎧甲개갑
이 一万餘1만여오 軍資機械군자기계는 可가히 다 헤아릴 수 업더라. 또 鮮卑
선비와 交戰교전하여 三年3년만에 마침내 大捷대첩하여 鮮卑軍士선비군사 数
十万수십만을 도륙하고 遼地요지를 專전혀 平定평정하니 鮮卑선비 慕容氏모용
씨가 드듸여 衰亡쇠망하니라.

이에 王왕의 功德공덕이 皇天황천에 洽협하고 威武위무가 四海사해에 덮이
니 各각 나라가 다 称臣칭신하고 朝貢조공하더라.

第十課제10과 廣開土大王광개토대왕[25])의 偃武언무

王왕이 用兵용병한 지 十八年18년에 敵兵적병을 죽인 것이 百餘万백여만이
요 土地토지를 어든 것이 萬餘里만여리러라. 王왕이 곳 乘勝승승한 兵병으로
써 支那지나를 征服정복코져 하더니 마참 高句麗고구려의 遺族유족 高雲고운
이 支那지나 北方북방을 차지하여 北燕皇帝북연황제라 하고 使사를 遣견하여

---

24) 400년.
25) 원본 본문에는 '廣土王'으로 되어 있으나 목차에는 '廣土大王'으로 되어 있
다. 이에 목차에 따라 바로 잡았다.

朝조거거늘 王왕이 同族동족의 義의를 生覚생각하여 드디여 和親화친하니 武
功무공이 이에 끝이니라.

第十一課제11과 長壽大王장수대왕의 遠交近攻원교근공

廣闭土大王광개토대왕[26]이 崩붕하매 羅濟나제가 다 高句麗고구려를 叛반하
고 自立자립하거늘 長壽大王장수대왕이 이에 宋송·魏위(支那지나)와 和親화친
을 힘써 北顧북고의 憂우를 없이 하고 專전혀 南方남방으로 経営경영하이니
卽位즉위한 지 六十三年63년에 마참 百済백제를 처서 蓋鹵王개로왕을 죽이
고 漢山한산에 南平壤남평양을 두니라.

第十二課제12과 三國삼국의 仇隙益深구극익심

蓋鹵王개로왕이 高句麗고구려에 敗패하여 죽으매 그 아들 文周王문주왕이
新羅신라의 救援구원으로 復国복국하고 두 나라가 联盟연맹하야 高句麗고구
려를 막더니 新羅신라 眞興王진흥왕이 背約배약하고 百済백제와 싸워 聖王성
왕을 죽이니(二八八七2887[27]) 이에 麗羅済여라제 三國삼국이 서로 讐國수국
이 되여 戰爭전쟁이 빌 날이 없으되 三国삼국 中중에 第一제일 적든 新羅신라
는 法興王진흥왕이 駕洛가락을 倂병하고(二八六五2865[28]) 그 後후에 많은 聖
君성군이 나서 점々 强盛강성하며 百済백제도 東城王동성왕때에 沙法名사법명
같은 名將명장이 나서 檀君단군 二千八百二十一年2821년에 海해를 越월하여
入寇입구하는 魏위(支那지나)兵병 二十萬20만을 大破대파하니라.

---

26) 원본에는 '廣大土王'으로 되어 있으나 바로 잡았다.
27) 554년.
28) 532년.

第十三課제13과 百濟백제와 倭人왜인

百済백제는 北북으로 高句麗고구려와 싸호고 東동으로는 新羅신라와 다토매 倭兵왜병을 恒常항상 붙녀 戰伐전벌에 使用사용하고 古爾王고이왕때(二六一八2618[29])에 博士박사 王仁왕인을 보내여 千字文천자문을 가르치며 伊呂波[30](倭왜의 国文국문)을 지여주고 그남아 制度제도와 藝術예술을 많이 가르치니 이에 倭人왜인이 우리의 文化문화를 힘입어 적이 未開미개를 免면하니라.

第十四課제14과 麗隋여수의 初戰초전

三國삼국의 交爭교쟁이 바야으로 甚심한 中중에 北方북방에 한 強敵강적이 이러나니 이는 곳 支那지나의 隋수나라이더라. 隋文帝수문제 楊堅양견은 本來본래 鮮卑선비의 別部별부사람으로 周주(支那지나)主주의 禪선을 받고 支那지나 南方남방의 陳氏진씨를 滅멸하여 國勢국세가 甚심히 強강하거늘 高句麗고구려 嬰陽大王영양대왕[31]이 그 外患외환이 될가 念慮염려하여 먼저 隋수를 치더니 堅견이 드듸여 그 將帥장수 楊諒양량을 보내여 水陸兵수륙병 三十萬30만을 거나리고 入寇입구하는지라.

檀君단군 二千九百三十一年2931년[32]에 大將대장 乙支文德을지문덕이 臨楡関임유관(今금 山海関산해관)에서 크게 破파하니 歷史上역사상에 일은바 臨楡関戰爭임유관전쟁이니라.

---

29) 285년.

30) 伊呂波(いろは, 이로하)는 いろは歌 47자의 첫 세 글자로 한글의 '가나다', 영어의 'ABC'에 해당된다.

31) 원본에는 '嬰楊大王'으로 되어 있으나 바로 잡았다.

32) 598년.

第十五課제15과 麗隋여수의 再戰재전

檀君단군 二千九百四十五年2945년[33]에 楊堅양견의 아들 楊帝양제 廣광이 前耻전치를 씻고저 하여 親친이 入寇입구할 새 宇文述우문술은 陸軍육군 百萬軍백만군을 거나리고 來護児내호아는 水軍수군 數十萬수십만을 거나리고 곳 平壤평양을 犯범하거늘 乙支文德을지문덕이 偏將편장으로 하여금 平壤평양 羅郭寺나곽사[34]에 伏兵복병하여 來護児내호아[35]를 破파하고 自己자기는 거즛 宇文述우문술에게 항복하여 그 虛実허실을 삷이고 도라와서 平壤평양을 固守고수하다가 隋軍수군의 糧食양식이 다하여 도라감을 보고 文德문덕이 精兵정병 數千수천으로써 薩水살수(今금 淸川江청천강)에서 크게 破파하니 隋軍수군 二百餘萬名2백여만명에 살아 도라간 者자 겨우 千餘名천여명뿐이더라. 이는 우리나라 上古상고에 第一大戰제일대전이니 歷史上역사상에 이른바 薩水戰爭살수전쟁이니라.

第十六課제16과 三國英雄삼국영웅의 輩出배출

薩水戰爭살수전쟁의 뒤로 高句麗고구려는 臨楡임유 以東이동으로 漢江한강 以北이북을 차지하고 百済백제는 馬韓故地마한고지를 차지하고 新羅신라는 辰弁韓故地진변한고지를 차지하고 서로 雌雄자웅을 다토는데 國勢국세가 날로 強盛강성하여 高句麗고구려 京都경도(今금 平壤평양)에는 戸数호수가

---

33) 612년.

34) 『삼국사기』 권20 고구려본기8 영양왕 23년조에는 "우리 장수는 羅郭 안의 빈 절 속에 군사를 숨겨 두고 군사를 내어 (내)호아와 싸우다가 거짓으로 패하였다(我將伏兵於羅郭內空寺中, 出兵, 與護兒戰, 而僞敗)"고 되어 있다. 나곽은 羅城으로서 外城을 의미한다. 그런데 계봉우는 이를 나곽사라는 고유명사로 이해하였다.

35) 원본에는 '東護児'로 되어 있으나 바로 잡았다.

二十一萬五百八戶210,508호요 百済백제 京都경도 扶餘부여에는 戶数호수가 十五万二千三百戶152,300호더라. 또 英雄영웅이 輩出배출하여 百済백제에는 武王무왕같은 英雄영웅이 잇고 新羅신라에는 金庾信김유신[36]같은 賢相현상이 잇고 高句麗고구려에는 泉盖蘇文천개소문같은 梟雄효웅이 있더라.

第十七課제17과 武王무왕

百済백제 聖王성왕이 新羅신라에게 敗패하여 죽은 後후에 國勢국세가 危殆위태한지라. 威德王위덕왕이 餘燼여진을 收拾수습하여 旧業구업을 保全보전하더니 惠王혜왕 · 法王법왕을 지나 武王무왕이 나니 甚심히 英傑영걸하여 沙乞사걸 · 允忠윤충 · 成忠성충 · 階伯계백 等등 名將명장을 써서 新羅신라를 親친히 처서 여러 번 익이니 國勢국세가 다시 強강하더라.

第十八課제18과 金庾信김유신[37]

百済백제 武王무왕이 前代전대의 耻치를 씻고저 하여 新羅신라를 侵침하고 高句麗고구려도 強강함을 믿고 新羅신라를 凌蔑능멸하더니 이때에 千古奇傑천고기걸 金庾信김유신[38]이 난지라. 이를 憤분히 녁여 年연이 十七17에 中岳중악(慶州경주)에 들어가 나라를 爲위하야 祈禱기도하고 文武문무의 道도를 講究강구하여 마참내 麗済여제를 取취하니라.

第十九課제19과 泉盖蘇文천개소문

泉盖蘇文천개소문은 高句麗고구려 東部大人동부대인의 아들이라. 少年소년

---

36) 원본에는 '金庾臣'으로 되어 있으나 바로 잡았다.
37) 원본에는 '金庾臣'으로 되어 있으나 바로 잡았다.
38) 원본에는 '金庾臣'으로 되어 있으나 바로 잡았다.

에 各國각국을 倂合병합할 生覚생각이 있어 支那지나에 遊覽유람하여 地理지리와 人心인심을 視察시찰하고 故國귀국하야 父位부위를 継繼계계하고 奇計기계로 各部大人각부대인을 죽이고 스사로 莫難支막리지가 되여 몬저 新羅신라에 用兵용병하더라.

第二十課제20과 麗唐戰爭여당전쟁

新羅신라가 唐당(支那지나)으로 더부러 同盟동맹하여 高句麗고구려를 꾀하니 이때 唐主당주 李世民이세민이 支那지나를 統一통일하고 突厥돌궐과 印度인도를 征服정복하고 使臣사신을 보내여 高句麗고구려를 降服항복하라 하거늘 蘇文소문이 그 使臣사신을 窟室굴실에 가두엇더니 檀君단군 二千九百七十八年2978년[39]에 李世民이세민이 大兵대병 二十萬20만으로 安市城안시성을 犯범하거늘 城主성주 楊萬春양만춘이 겨우 數百名수백명 되는 軍士군사를 다리고 數日수일을 血戰혈전하여 城성을 保보하더니 蘇文소문이 바야흐로 新羅신라를 치다가 急급히 囬軍회군하여 唐兵당병을 처서 크게 破파하니 世民세민이 單騎단기로 다라나다가 눈이 流矢유시에 맞어서 도라가 죽으니라.

第二十一課제21과 新羅신라와 日本일본

南觧次々雄남해차차웅[40]때부터 倭人왜인이 자조 入寇입구하여 서로 원수가 되고 倭人왜인은 本來본래 蠻族만족인 故고로 沾解尼師今첨해이사금때

---

39) 645년.
40) 원본에는 '南鮮次々雄'으로 되어 있으나 바로 잡았다. 鮮자와 觧[解]자가 비슷하여 잘못 필사한 것으로 보인다.

에 將軍장군 昔于老석우로[41]는 倭王왜왕으로 塩奴염노를 삼고 그 王妃왕비로 鼎婢정비를 삼고저 하였으며 訥祗麻立干눌지마립간때에 朴堤上박제상은 鷄林계림의 犬彘견체가 될지언정 倭왜의 臣下신하는 안이 되겠다 하고 檀君단군 二千六百十七年2617년[42]에 儒理尼師今유리이사금[43]은 大阪오사카[44]의 明石浦아사포를 처서 降伏항복받고[45] 檀君단군 二千九百九十五年2995

---

41) 원본에는 '石于老'로 되어 있으나 바로 잡았다.

42) 284년.

43) 단군 2617년(284)은 儒理尼師今(24~56)이 아니라 儒禮尼師今(284~279)의 재위 기간에 포함된다. 따라서 儒理는 儒禮의 오기로 보인다.

44) 원본에는 '大'로 되어 있으나 바로 잡았다.

45) 이 내용은 1636년 조선통신사로 일본에 다녀온 東溟 金世濂(1593~1646)의 『海槎錄』「聞見雜錄」에 "일본은 극동에 멀리 떨어져 있고 사면이 큰 바다로 둘러 있어, 외국의 군사가 들어갈 수가 없다. 단지 그 연대기를 보면, 應神 22년에 신라 군사가 明石浦에 들어왔다고 되어 있는데, 명석포는 大阪에서 겨우 1백 리 떨어져 있다. 赤間關의 동쪽에 한 丘隴이 있는데, 왜인이 이를 가리켜 '이것이 白馬墳인데, 신라 군사가 일본에 깊이 쳐들어오니, 일본이 화친하고 군사를 풀어 주기를 청하여 白馬를 죽여서 맹세한 뒤에 말을 이곳에다 묻었다'고 한다."(日本邈在天東, 四面大海, 外兵不入, 但見其年代記, 其所謂神應之二十二年, 新羅兵入明石浦, 浦距大坂纔百里, 赤間關之東有一丘壟, 倭人指之曰, 此卽白馬墳, 新羅兵深入, 日本人請和解兵, 刑白馬以盟, 埋馬於此云)라고 되어 있다(『東溟集』 권10 謁東溟先生集, 海槎錄下, 聞見雜錄). 안정복은 『東史綱目』(제2상) 乙卯 신라 유례왕 12년(고구려 봉상왕 4년, 백제 책계왕 10년)조에서 『해사록』을 인용하면서도 "상고하건대, 應神 12년 辛亥가 바로 유례왕 8년(291)에 해당되니, 이해[필자: 應神 22년]와는 조금 차이가 있으나 대개 같은 때의 사건인데, 東史에는 보이지 않는 것은 글이 빠진 것이다"라고 하였다. 應神 22년(301)은 유례니사금이 아닌 기림니사금 4년에 해당된다. 그래서 안정복은 『해사록』의 應神 22년을 12년으로 수정하여 위 사건을 유례니사금 8년(291)에 발생한 것으로 보았다. 계봉우가 이 사건을 단군 2617년(284)이라고 한 것에는 착오가 있었던 것으로 보인다.

년[46] 頃경에 太宗武烈王태종무열왕이 크게 大阪오사카을 치니 倭主왜주가 降
伏항복하여 白馬백마의 血혈을 마시고 다시 叛반치 안키로 맹서하더라.

第二十二課제22과 麗済여제의 亡망

新羅신라 太宗태종이 百済백제의 後援후원이 되는 倭人왜인을 처서 降服
항복받은 後후에 곳 唐寇당구와 合合하여 百済백제를 치더니 百済백제 義慈
王의자왕이 昏愚혼우하여 賢相현상 成忠성충과 直臣직신 興首흥수를 쓰지 안
코 敗亡패망한지라(二九九三2993[47]). 이에 羅唐兵나당병이 또 高句麗고구려를
치니 마참 泉蓋蘇文천개소문이 죽고 그 아들 男生남생 · 男建남건이 権勢권
세를 다토다가 男生남생이 十五万15만 大兵대병으로 叛반하여 唐城당성에게
항복하여 敵兵적병의 前導전도가 되어 高句麗고구려를 亡망하니라(三〇〇一
3001[48]).

第三章제3장 上古상고의 文化문화

第一課제1과 宗教종교(一)

檀君단군때부터 固有고유의 宗教종교가 있어 江華강화에 祭天壇제천단을
쌋코 扶餘부여는 臘月납월에 天천에 祭제하고 高句麗고구려는 해마다 十月10
월에 祭天会제천회를 하여 称칭하되 寒盟한맹[49]이라 하고 百済백제는 해마

---

46) 662년.

47) 660년.

48) 668년.

49) 『三國志』東夷傳 高句麗條에 "以十月祭天 國中大會 名曰東盟"이라 하여 국중
대회가 동맹이라 되어 있다. 이와 달리 『東史綱目』(卷2下)에는 "以十月 祭天大
會 名曰寒盟"이라 하여 제천대회를 한맹이라 한다고 되어 있다.

다 四仲사중의 月월에 天천에 祭제하고 新羅신라는 해마다 正月정월에 天祭제 천하니라. 또 八関法팔관법은 高句麗僧고구려승 惠亮혜량이 처음으로 新羅신 라에 傳전한 것이니 이는 我国아국에 固有고유한 敎法교법이니라.

第二課제2과 宗敎종교(二)

이 祭天敎제천교의 外외에 儒유·佛불·道도 三敎3교가 있으니 儒敎유교는 支那지나사람 箕子기자가 와서 傳전하고 佛敎불교는 浮屠부도 順道순도가 支 那지나로부터 高句麗고구려에 傳전하고 金首露김수로의 皇后許氏황후허씨가 印度인도로부터 駕洛가락에 伝전하고 道敎도교는 泉蓋蘇文천개소문이 唐당에 서 求구하여 오니 儒佛유불 二敎2교는 麗済羅여제라 三國삼국이 다 崇拜숭배 하니라.

第三課제3과 政治정치

檀君단군때에 行政区域행정구역은 三千団部삼천단부[50]에 分분하고 三扶餘 삼부여와 麗済여제 二國2국에서는 東西南北中동서남북중 五部5부를 세워 或혹 은 大仙대선을 두고 或혹은 大人대인을 두어 그 地方지방을 다스리고 帝王제 왕은 統治통치의 主権주권이 있드니 高句麗고구려의 泉蓋蘇文천개소문이 五 部5부를 統一통일하야 그 権利권리를 独独히 차지하며 新羅신라는 六部6부 를 세우고 李이·崔최·孫손·鄭정·裵배·薛설 六姓6성으로 部부의 大人대인 을 任임하고 朴박·昔석·金김 三姓3성은 聖骨성골이라 하야 王位왕위를 서 로 傳授전수하니 世界세계에 初有초유한 貴顯政治귀현정치의 共和國공화국이 니라. 그 後후 金奈勿尼師今김내물이사금때에 와서 드디여 朴박·昔석 両姓양

---

50) 『檀祖事攷』內篇에 "置團部三千(外記曰 桓因神市氏之徒衆三千 古史曰 神市氏 方區內 有三千團部)"라고 되어 있다.

성을 廢폐하고 金氏김씨만 王왕하더니 惠恭王혜공왕때부터 篡弑찬시가 相承상승하야 마참내 国국이 亡망하니 이는 太祖태조 金春秋김춘추가 異族이족의 唐寇당구를 引인하야 同族동족의 麗済여제를 처서 滅멸한 禍害화해라 할지니라.

第四課제4과 法典법전

壇君단군[51] 以後이후로 治制치제가 簡略간략하여 모든 政事정사를 다만 習慣습관으로 法定법정하고 箕子기자가 朝鮮조선으로 治치함에도 教令교령이 八條8조에 지나지 못하고 扶餘부여는 刑法형법이 甚심히 嚴엄하며 高句麗고구려는 故國川大王고국천대왕이 비로소 賢相현상 乙巴素을파소로 하여금 法典법전을 編纂편찬하고 小獸林大王소수림대왕[52]이 人民인민에게 頒布반포하며 新羅신라는 法興王법흥왕이 비로소 法典법전을 人民인민에게 펴니라.

第五課제5과 軍制군제

扶餘부여는 집々에 鎧仗개장[53]이 있어 戰時전시면 五加5가(加가는 官名관명)가 거느리고 싸호며 高句麗고구려는 莫難支막리지가 全国兵馬전국병마를 摠轄총할하고 百済백제는 兵馬佐平병마좌평이 全國兵馬전국병마를 摠轄총할하고 新羅신라는 大角干대각간이 全國兵馬전국병마를 摠轄총할하며 各郡각군에 兵営병영을 두어 兵馬병마를 操練조련하고 人民인민도 農隙농극에 騎射기사를 익혀 危急위급한 때면 다 軍士군사됨을 얻으니라.

---

51) 이 부분과 「제1편 제1장 제3과 천하의 삼분」에서만 壇君으로 썼다.
52) 원본에는 '小戰林大王'으로 되어 있으나 바로 잡았다. 獸자와 戰자가 비슷하여 잘못 필사한 것으로 보인다.
53) 원본에는 '鎧伏'으로 되어 있으나 바로 잡았다.

第六課제6과 教育교육

檀君단군 以来이래로 大仙대선(神誌仙人신지선인의 等등)을 두어 五戒5계로써 人民인민을 가릇이니 五戒5계는 곳 事君以忠사군이충과 事父以孝사친이효와 交友有信교우유신과 臨戰無退임전무퇴와 殺傷有擇살상유택이오 또 大仙대선 이 그 弟子제자로 하여금 射刺사자과 歌舞가무를 힘쓰게 하며 山谷산곡에 探險탐험을 익게 하니 驍호는 風月徒풍월도라 하며 國仙香徒국선향도라 하고 香徒향도가 戰陣전진에서 敗패하여 降伏항복하거나 다라나면 이를 香徒향도 에 割名할명하여 人類인류로 待遇대우치 앗는 故고로 香徒향도들은 다 戰爭 전쟁에 勇敢용감하여 戰場전장에서 죽음을 榮華영화로 녁이더라.

新羅신라에는 眞興王진흥왕이 처음 花郞화랑 곳 風月主풍월주를 세워 孝悌 효제와 忠信충신을 힘쓰게 하니라.

第七課제7과 文學문학

檀君단군때에 神誌仙人신지선인이 地理지리의 詩시를 지엇으니 古初고초에 文字문자가 있음을 可가히 알 것이오 漢文한문은 箕子기자 以後이후로 有유 하였으며 麗済羅여제라 三国삼국때에는 漢文学한문학이 크게 盛성하여 琉璃 大王유리대왕과 定禪師정선사와 乙支文德을지문덕은 다 漢文한문과 漢詩한시에 長장하고 李文眞이문진(麗려)·高興고흥(済제)·居柒夫거칠부(羅라)는 다 歷史역 사를 著述저술한 者자요 强首강수는 外交文字외교문자에 長장하니라.

第八課제8과 藝術예술(一)

建築건축은 檀君단군이 비로소 宮室궁실과 城郭성곽의 制제를 세우니 지금 國中국중에 石盖屋석개옥이 곳 그때 宮室궁실의 遺制유제며 平壤평양의 王儉 城왕검성은 檀君단군의 都城도성이오 江華강화에 三郞城삼랑성은 檀君단군의 아들 三人3인이 쌓은 바이라.

　三国삼국때에는 곳 城성으로써 守国수국의 要요라 하여 쌓은 者자가 많으
니 高句麗고구려의 國內城국내성·安市城안시성·建安城건안성과 百済백제의
慰禮城위례성과 新羅신라의 半月城반월성이 가장 有名유명한 者자이오 高句
麗고구려의 栄留大王영류대왕은 支那지나와 鮮卑선비를 防禦방어코저 하여 夫
餘枬城부여단성을 쌓으니 그 長장이 数千里수천리라 十六年16년만에 畢필하
니 지금 中国중국의 盛京성경의 柳條墻유조장이 그 遺墟유허이오 高句麗고구
려의 平壤평양 水晶宮수정궁은 宮墙궁장을 水晶수정으로써 飾식하고 新羅신라
의 皇龍寺황룡사는 高고가 二百二十五尺225척이오 瞻星台첨성대는 石석을 鍊
연하여 築축하였는데 高고가 十九尺19척이러라.

第九課제9과 藝術예술(二)

　製造제조　夫婁부루가 陶器도기를 지은 後후에 漸々점점 発達발달하여 三
国삼국때에 이르러는 더욱 美巧미교하여 高麗고려(高麗고려는 곳 高句麗고구려)
磁器자기가 天下천하에 有名유명하고 또 三国삼국의 弓矢製造궁시제조가 巧교
함으로 唐主당주가 新羅弓工신라궁공 仇珍川구진천을 聘빙하여 그 法법을 배
우고저 하다가 맛참 能능치 못하엿다.

　美術미술　新羅신라의 金生김생은 名筆명필이오 率居솔거는 名画명화라 率
居솔거가 일즉 皇龍寺황룡사의 壁上벽상에 老松노송을 画화하였더니 鳥雀조
작이 산 老松노송으로 알고 날아오다가 壁벽에 마주처서 떠라지니라.

　皇龍寺황룡사의 丈六佛像장육불상은 三万五千七斤35,007근의 銅동과 百二
両102냥의 鉱金광금으로 지은 것이오 또 九層塔9층탑과 萬佛山만불산이 著
名저명한 者자이러라.

第一編제1편 上古史상고사 끝.

『우리國史국사』(二) 中古史중고사

目次

54) 원본 목차에는 '舊強'으로 되어 있으나 본문에는 '舊疆'으로 되어 있다. 이에 본문에 따라 바로 잡았다.

55) 원본 목차에는 '正政'으로 되어 있으나 본문에는 '王政'으로 되어 있다. 이에 본문에 따라 바로 잡았다.

56) 원본에는 '舊疆'으로 되어 있으나 바로 잡았다.

---

57) 원본에는 '第四章 中古의 文化'로 되어 있으나 앞에서 '第二章 中古의 文化(一)'
로 했으므로 '(二)'를 보완하였다.

第二編제2편 中古史중고사

第一章제1장 南北朝남북조의 時代시대

第一課제1과 麗済여제의 義兵의병

高句麗고구려와 百済백제가 임이 亡망하매 義兵의병이 四方사방에서 이러나 疆土강토를 恢復회복코저 할 세 高句麗고구려에는 大兄대형 劒牟岑검모잠이 漢城한성에서 그 唐당의 長官장관을 죽이고 故王고왕의 外孫외손 安勝안승을 세우니 百済백제에는 義慈王의자왕의 아들 豊풍이 宗臣종신 福信복신으로 더부러 起兵기병하여 周留城주류성(今금 定州정주)을 운거하더니 羅唐兵나당병이 또 合하여 치매 豊풍은 다라나고 安勝안승은 新羅신라에 항복하니라.

第二課제2과 新羅신라의 擊退唐兵격퇴당병

新羅신라 文武王문무왕 法敏법민(春秋춘추의 子자)이 金庾信김유신의 政策정책을 써서 百済백제의 땅을 처서 取취하고 安勝안승으로 高句麗王고구려왕을 삼아 金馬渚금마저에 두고 그 人民인민을 招安초안하니 唐主당주 李治이치(世民세민의 子자)가 크게 怒노하여 李謹行이근행·薛仁貴설인귀 等등으로 總官총관을 삼아 二十萬20만 大軍대군으로 入寇입구하거늘 新羅將軍신라장군 文訓문훈이 買肖城매초성(今금 楊州양주)에서 크게 破파하고 檀君단군 三千九年3009년에 沙湌사찬 施得시득이 賣国賊매국적 薛仁貴설인귀로 더부러 二十餘戰20여전에 다 勝捷승첩하고 四千餘級4천여급을 버히니 일로부터 唐兵당병이 敢감히 犯범치 못하니라.

第三課제3과 大祚榮대조영의 興復흥복

高句麗고구려가 亡망한 뒤에 將軍장군 大仲象대중상이 義兵의병을 이르켜 싸호다가 그 아들 祚榮조영으로 더부러 餘衆여중을 거나리고 靺鞨말갈 酋長추장 乞四比羽걸사비우에게 가서 依의하여 独立독립을 謀復모복하더니 仲象중상이 死사하매 祚榮조영이 唐兵당병을 天門嶺천문령에서 크게 破파하고 東牟山동모산(吉林길림 附近부근)을 운거하여 渤海國발해국을 세우니 때는 檀君단군 三千三十年3030년[58]이더라.

第四課제4과 武大王무대왕의 外征외정

高祖고조 祚榮조영이 崩붕하고 아들 武芸무예가 서니 곳 武大王무대왕이라 北북으로 黑水靺鞨흑수말갈을 征服정복하고 檀君단군 三千六十五年3065년[59]에 將軍장군 張文休장문휴를 보내여 唐당의 登州등주(今금 山東省산동성)를 처서 그 刺史자사 韋俊위준을 죽이고 翌年익년에 唐당이 新羅신라와 合合합합하여 크게 入寇입구하거늘 大雪대설을 乘승하여 擊破격파하니라.

第五課제5과 新羅신라의 文弱문약

新羅신라 神文王신문왕은 富強부강의 業業업업을 承承승승하여 國学국학을 세우고 文治문치를 힘쓰더니 聖德王성덕왕 · 景德王경덕왕때에 武備무비가 大弛대이하여 漸々점점 文弱문약에 빠지고 그러나 累代누대 太平태평의 뒤를 이어 人民인민은 오히려 富豪부호하여 이때 京都경도(慶州경주)에 戶数호수가 十七萬八千九百三十六戶178,936호요 惠恭王혜공왕에 이른바 篡弑찬시의 禍화가 始

---

58) 697년. 발해의 실제 건국연대는 698년이다.

59) 732년.

시하며 國勢국세가 마침내 衰乱쇠란하니라.

第六課제6과 宣大王선대왕의 功德공덕

武大王무대왕이 崩붕한 뒤에 文大王문대왕으로부터 文治문치를 主張주장하여 朝野조야가 太平태평하나 国勢국세는 자못 振진치 못하더니 檀君단군 三千百五十年3150년[60]에 宣大王선대왕 仁秀인수가 서서 境宇경우를 크게 開拓개척하니 그 疆域강역[61]이 東동은 海해에 窮궁하고 西서는 遼河요하에 이르고 北북은 黑龍江흑룡강의 千餘里천여리를 지나니 東西동서가 約약 六千餘里6천여리오 南北남북이 約약 四千餘里4천여리더라.

第七課제7과 新羅신라의 革命戰爭혁명전쟁

惠恭王혜공왕을 죽이고 自立자립한 宣德王선덕왕이 崩붕하매 群臣군신이 皇族황족 周元주원을 迎立영립코저 하다가 元聖王원성왕이 몬저 登極등극한 故고로 周元주원의 아들 憲昌헌창이 이를 恨한하여 憲德王헌덕왕때(三一五五 3155[62])에 이르러 熊川웅천을 운거하여 長安国장안국을 세우고 新羅신라를 抗항하다가 敗패하여 죽으니 이는 우리 東方동방에 처음 잇는 革命戰爭혁명전쟁이오.

그 後후에 眞聖女主진성여주가 失政실정이 多다하여 人民인민이 크게 困苦곤고하여 四方사방에서 革命乱혁명란이 이러나니 그 中중에 가장 有力유력한 者자는 泰封王태봉왕 弓裔궁예와 後百済主후백제주 甄萱견훤이더라.

---

60) 817년.

61) 원본에는 '彊域'로 되어 있으나 바로 잡았다.

62) 822년. 원본에는 '二一五五'(기원전 179)로 되어 있으나 바로 잡았다.

第八課제8과 泰封태봉과 後百済후백제의 爭雄쟁웅

泰封王태봉왕 弓裔궁예가 鉄圓철원(今금 鉄原철원)에 都도를 세우고 그 將장 王建왕건을 用용하여 廣州광주·尙州상주 等등 五十餘邑50여읍을 取취하여 水路수로로 羅州나주 等등 十邑10읍을 처서 取취하고 浿西패서에 十三鎭13진을 두니 그 疆土강토[63]가 全國전국 三分3분의 二2를 차지한지라. 이때에 後百済후백제 甄萱견훤이 또한 兵병을 出출하여 東北동북으로 땅을 界계하니 이에 泰封태봉과 後百済후백제가 서로 雌雄자웅을 다토드라.

第九課제9과 泰封태봉의 亡망과 高麗고려의 興흥

泰封王태봉왕 弓裔궁예가 佛教불교로써 國국을 다스릴 새 스사로 彌勒佛미륵불이라 稱칭하고 佛経불경 二十餘卷20여권을 지으니 人心인심이 크게 难散이산하는지라. 이에 諸將제장이 王建왕건을 推戴추대하여 王왕을 삼거늘 弓裔궁예가 敗패하여 다라나다가 斧壤부양(今금 平康평강)에서 죽으니 泰封国태봉국이 二十八年28년만에 亡망하니라.

第十課제10과 南北朝남북조의 亡망

渤海발해는 哀大王애대왕 諲譔인선이 서매 北方북방에 일즉 臣服신복하든 契丹거란이 興起흥기하여 檀君단군 三千二百五十九年3259년[64]에 其기 主主 耶律阿保機야율아보기가 入寇입구하여 京都경도를 陷함하니 渤海발해가 建國건국한 지 二百二十八年228년[65]만에 亡망하니라.

---

63) 원본에는 '彊土'로 되어 있으나 바로 잡았다.

64) 926년.

65) 계봉우는 발해 건국을 697년[실제는 698]으로, 멸망을 926년[실제는 927]으로

新羅신라는 景哀王경애왕이 後百済王후백제왕 甄萱견훤에게 殺살한 바 되고 敬順王경순왕 金傅김부가 立입하더니 檀君단군 三千二百六十七年3267년[66]에 國국을 擧거하여 高麗고려에 降항하니 新羅신라가 建國건국한 지 九百九十二年992년[67]만에 亡망한지라.

第十一課제11과 渤海발해의 義兵의병

渤海발해가 亡망한 그 해에 鉄州刺史철주자사 衛均위균 等등이 義兵의병을 이르켜 祖國조국을 謀復모복하다가 敗패하고 그 翌年익년에 哀大王애대왕의 弟제를 立입하고 契丹거란과 싸오다가 또 敗패하더니 그 人民인민의 独立독립할 마음이 百餘年백여년 동안을 쉬지 아니하여 高麗고려 顕宗현종때에 大延琳대연림은 興遼國흥료국을 세우고 高麗고려 睿宗예종때에 高永昌고영창은 大元國대원국을 세우고 屢次누차 高麗고려를 向향하여 援兵원병을 請청하되 應응치 아니함으로 곳 敗亡패망하니라.

보았으나 여기에는 1년씩의 오차가 있다. 발해의 존속 기간은 230년이며 건국년[697]으로부터 228년만이 아닌 229년만에 멸망하였다.

66) 934년.

67) 계봉우는 신라 건국을 기원전 18년[실제는 기원전 57]으로, 멸망을 934년[실제는 935]으로 보았다. 즉, 계봉우에 의하면 신라의 존속 기간은 952년이며 건국년[기원전 18]으로부터 951년만에 멸망한 것이다. 그가 998년만에 망했다고 한 것과는 차이가 있다. 실제 신라의 존속 기간은 기원전 57년부터 935년까지로 992년이 된다. 계봉우가 992년만에 망했다고 한 것은 실세 신라의 존족 기간과 일치한다.

第二章제2장 中古중고의 文化문화(一)[68]

第一課제1과 宗教종교

渤海발해는 祭天제천하는 法법이 高句麗고구려와 略同약동하고 又 儒教유교·佛教불교도 잇엇스며 新羅신라는 固有고유의 宗教종교가 매우 衰微쇠미하여 風月主풍월주는 勢力세력이 없으며 八関会팔관회는 虛式허식만 남엇고 儒学者유학자에 薛聰설총·崔致遠최치원·王巨人왕거인[69]의 等등이 있고 高僧고승에 順應순응·元曉원효·義湘의상[70]·道詵도선의 等등이 잇엇나니라.

第二課제2과 政治정치

渤海발해는 全國전국을 五京5경·十五府15부로 分분하고 十五府15부를 六十二州62주로 分분하야 府부에는 節度使절도사를 두고 州주에는 刺史자사를 두고 中央政府중앙정부에는 政堂省정당성과 左六部좌6부·右六部우6부를 두고 政堂省정당성에 大內相대내상이 있어 大政대정을 總理총리하니라.

新羅신라는 神文王신문왕이 五小京5소경과 九州9주를 두고 官制관제는 南北朝남북조 以前이전의 時代시대와 略同약동하나 景德王경덕왕때에 크게 改正개정되니라.

---

68) 원본 본문에는 '第二章 中古의 文化'로 되어 있으나 목차에는 '第二章 中古의 文化(一)'로 되어 있다. 이에 목차에 따라 바로 잡았다.

69) 원본에는 '王巨仁'으로 되어 있으나 바로 잡았다.

70) 원본에는 '義相'으로 되어 있으나 바로 잡았다.

第三課제3과 軍制군제

渤海발해는 中央중앙에 十衛10위를 두어 全國兵馬전국병마를 차지하고 그 軍政군정은 帝제의 下하에 智部卿지부경이 있어 統理통리하여 人民인민은 다 武무를 尙習상습하여 그 智謀지모와 驍勇효용이 各国각국에 冠관함으로 各国각국사람이 말하기를 渤海발해 三人3인이 一虎1호를 当당한다 하더라.

新羅신라는 그 軍制군제가 前代전대와 無異무이이나 文弱문약에 陷함한 以來이래로 兵力병력이 衰退쇠퇴하니라.

第四課제4과 教育교육

渤海발해는 中央중앙에 冑子監주자감이 있어 教育교육을 차지하니 그 学科학과는 読書독서와 밋 騎射기사요 新羅신라는 神文王신문왕이 大学대학을 세우고 博士박사를 두더니 그 後후에 大学대학에 文学문학(漢文学한문학)·算学산학(算術산술·代数대수·幾何기하 밋 三角삼각의 大学대학)·医学의학·法律学법률학·天文学천문학의 各科각과를 두고 各科각과에 博士박사와 助教조교를 두어 学生학생을 가르치니 修業期限수업기한은 九年9년이더라.

第五課제5과 文学문학

渤海발해는 国文국문(今금에 女眞文字여진문자라 伝전하는 字자)이 固有고유하고 文大王문대왕때에 漢学한학을 크게 崇尙숭상하여 裵文배문·烏炤度오소도의 有名유명한 学者학자가 잇고

新羅신라는 神文王신문왕때부터 文学문학이 더욱 蔚輿울흥하여 薛聰설총은 吏讀이두을 지엇고 또 文문에 能능하며 著書저서에는 金大问김대문의 花郎世記화랑세기 밋 高僧傳고승전과 崔文遠최치원의 桂苑筆畊계원필경 等등이 가장 有名유명하고 崔致遠최치원은 또 詩시에 能능하니라.

第六課제6과 藝術예술

渤海발해는 建築術건축술과 陶磁工도자공 밋 瑪瑙工마류공이 有名유명하고 画師화사에는 大簡之대간지가 第一제일이오 新羅신라는 그 工藝術공예술의 巧妙교묘함이 三国時代삼국시대를 凌駕능가하니 皇龍寺鍾황룡사종은 重중이 四十九万七千五百八十一斤497,581근이오 奉德寺鍾봉덕사종은 重중이 十二万斤12만근이오 萬波息笛만파식적은 玉옥으로 만든 것이오 筆家필가에 金生김생과 音楽家음악가에 玉寶高옥보고 等등이 또 有名유명하니라.

第三章제3장 高麗時代고려시대

第一課제1과 高麗고려의 統一통일

檀君단군 三千二百五十一年3251년[71]에 太祖태조 王建왕건이 泰封태봉을 代대하여 高句麗고구려를 세우고 新羅신라 敬順王경순왕의 來降내항을 받으매 남은 対敵대적은 오직 後百濟王후백제왕 甄萱견훤이라 萱훤의 아들 神劍신검이 그 王位왕위를 奪탈하거늘 太祖태조가 九萬兵9만병으로써 後百済후백제를 치니 神劍신검은 항복하고(三二六九3269[72]) 萱훤은 憤懣분만하여 죽은지라. 이에 太祖태조가 後百済후백제를 併병하니 三国삼국이 비로소 統一통일되니라.

第二課제2과 渤海舊疆발해구강의 謀復모복

太祖태조가 三国삼국을 임이 統一통일하였으나 渤海발해의 舊疆구강[73]이

---

71) 918년.
72) 936년. 원본에는 '二二六九'(기원전 65)로 되어 있으나 바로 잡았다.
73) 원본에는 '舊彊'으로 되어 있으나 바로 잡았다.

他族타족 契丹거란에게 敗패함을 憤분히 넉여 恢復회복을 도모할 새 이때에 契丹거란이 使臣사신을 보내여 槖駝낙타를 貢공하거늘 契丹거란은 나의 讎國수국이라 하여 그 使臣사신 三十人30인은 海島해도에 流유하고 槖駝낙타는 萬夫橋만부교 아래에 棄기하여 죽이고 後晋후진(支那지나)主주 石敬唐석경당에게 使사를 보내여 말하되 契丹거란이 나의 同族동족 渤海발해를 滅멸한 故고로 내가 契丹거란을 처서 取취코저 한즉 助力조력하라 하더니 앗갑다 太祖태조가 崩붕하니 끚이고 마니라.

第三課제3과 成宗성종의 隆治융치

太祖태조가 崩붕한 뒤에 惠宗혜종이 그 뜻을 継述계술하여 契丹거란을 치고저 하다가 王規왕규의 叛반함으로 因인하여 끚이고 定宗정종 · 光宗광종 · 景宗경종을 지나 成宗성종에 이르러 官制관제를 改正개정하며 孝節효절을 賞상하며 賢能현능을 挙거하고 文學문학을 힘쓰니 이에 文物문물이 크게 蔚興울흥하니라.

第四課제4과 契丹거란의 入寇입구

檀君단군 三千三百二十六年3326년[74])에 契丹將거란장 蕭遜寧소손녕이 八十万兵80만병으로써 西鄙서비를 入寇입구하여 降服항복을 督促독촉하매 成宗성종과 群臣군신이 두려워하여 割地할지하여 和親화친을 請청코저 하거늘 內史내사 徐熙서희가 홀로 抗議항의하여 가로되 割地할지는 萬世만세의 羞恥수치라 하고 熙희가 곳 丹営난영에 가서 寸舌촌설로써 丹兵난병을 물니치고 그 後후에 契丹거란이 康兆강조의 弑君시군한 罪죄를 問문한다 称칭하고 四十萬大兵40만대병으로써 入寇입구하여 京城경성을 犯범하거늘 楊規양규와

---

74) 993년.

金叔興김숙흥의 等등이 크게 破파하니 丹兵단병이 敗패하여 다라나니라.

第五課제5과 姜邯贊강감찬의 偉勳위훈

契丹主거란주가 敗패하여 도라간 後후에 크게 憤분하여 使臣사신을 보내여 六城6성을 連索연색하거늘 顯宗현종이 怒노하여 그 使臣사신을 促囚촉수하엿더니 檀君단군 三千三百五十年3350년[75]에 契丹거란이 그 大將대장 蕭排押소배압[76]을 보내여 十萬兵10만병으로써 入寇입구하거늘 上元帥상원수 姜邯贊강감찬이 二十萬兵20만병을 거느리고 興化鎭흥화진(今금 義州의주)에서 크게 破파하니 丹兵단병의 生還생환한 者자가 겨우 數千人수천인이라. 邯贊감찬이 凱旋개선하매 帝제가 親친히 迎接영접하여 그 頭上두상에 金花八枝금화팔지를 꼿으니라.

第六課제6과 顯宗현종의 威德위덕

顯宗현종이 强寇강구 契丹거란을 크게 破파하매 天下천하가 安寧안녕하고 国威국위가 大振대진하여 東西女眞동서여진의 酋長추장은 臣下신하되기를 願원하며 北方북방에 鉄利철리・黑水흑수・拂涅불열 等등 國국과 西方서방에 大食国대식국(阿剌比亜아라비아)이 方物방물을 드리니 이때는 高麗고려의 가장 全盛전성한 時代시대러라.

第七課제7과 文治문치의 隆盛융성

顯宗현종이 崩붕하고 德宗덕종・靖宗정종을 지나 文宗문종이 서매 崔冲최

---

75) 1017년. 거란의 3차 침입은 1018년 12월이다.
76) 원본에는 蕭遜寧으로 되어 있으나 그 형인 蕭排押이 맞다.

충·鄭倍傑정배걸의 等등을 用용하여 学校학교를 크게 興흥하니 崔冲최충은
世上세상이 海東孔子해동공자라 일크르고 文学문학은 이같이 極盛극성하였
으나 武備무비가 漸弛점이하여 国勢국세의 衰弱쇠약이 此차에 始시하니라.

이때에 宋송(支那지나)·日本일본·契丹거란 等등 諸國제국이 使사를 보내여
入貢입공하거늘 娛賓오빈·迎賓영빈 等등 館관을 設설하여 항상 宴연을 賜사
하니라.

第八課제8과 九城9성의 役역

檀君단군 三千四百三十九年3439년[77]에 東女眞동여진의 完顏部長완안부장
烏雅束우야소이 辺城변성을 犯범하니 烏雅束우야소은 高麗僧고려승 金俊김준
의 八世孫8세손이라. 金俊김준이 일즉 東女眞동여진에 드러가 完顏部長완안
부장이 되었더니 그 子孫자손이 漸々점점 強盛강성하여 高麗고려를 叛반함일
너라.

睿宗예종이 이에 元帥원수 尹瓘윤관의 等등을 보내여 十七萬兵17만병으로
써 東女眞동여진을 처서 멀니 쫓고(三四四〇3440[78]) 定界碑정계비를 先春嶺선
춘령(今금 松花江辺송화강변에 在재함)에 세우고 九城9성을 쌓으니라.

第九課제9과 權臣권신의 跋扈발호

睿宗예종이 崩붕하매 李資謙이자겸이 仁宗인종을 세우고 軍国事군국사를
專管전관하니 資謙자겸은 仁宗인종의 外祖외조라. 執政집정한 後후로 甚심히
無道무도하거늘 帝제 拓俊京척준경으로 하여금 資謙자겸을 討토하여 流刑유
형에 處처하더니 俊京준경이 또 橫恣횡자하거늘 海島해도에 流유하니라.

---

77) 1106년.
78) 1107년.

籠臣총신 妙淸묘청이 仁宗인종을 勸권하여 西京서경에 移都이도하고 金国
금국(金主금주 阿骨打아구다 時시)을 図도코저 하되 帝제가 듯지 아니하거늘
(三四六八3468[79]) 妙淸묘청이 西京서경을 운거하여 国驕국호를 大爲대위라 하
더니 金富軾김부식의 等등이 처서 平평하니 이는 高麗고려에 처음 革命乱혁
명란이니라.

第十課제10과 鄭仲夫정중부의 乱난

仁宗인종의 아들 毅宗의종이 立입하여 文臣문신만 愛重애중함으로 武臣무
신이 항상 不平불평하더니 普賢院보현원에서 文臣문신 韓賴한뢰 等등이 武臣
무신을 侮辱모욕하거늘 鄭仲夫정중부의 等등이 크게 怒노하여 이에 兵병을
擧거하여 무릇 文冠문관을 쓴 者자는 비록 胥吏서리라도 다 죽이며 또 毅宗
의종을 廢폐하고 明宗명종을 세운 後후에 스사로 執政집정하여 專橫전횡하다
가 慶大升경대승에게 죽은 바 되니라.

第十一課제11과 崔氏최씨의 專權전권

鄭仲夫정중부가 죽은 後후에 李義旼이의민의 四父子4부자가 又 專恣전자하
여 無道무도가 甚심하거늘 將軍장군 崔忠献최충헌이 義旼의민의 等등을 誅주
하고 忠献충헌의 아들 瑀우·손자 沆항·曾孫증손 竩의[80])에 至지하기까지
四世4세를 執政집정하여 皇室황실을 廢立폐립을 恣行자행하니 일로부터 国
勢국세가 크게 衰退쇠퇴하니라.

---

79) 1135년.
80) 「第15課 王政의 復古」에서는 '竩'로 되어 있다.

第十二課제12과 蒙古몽고의 初寇초구

蒙古몽고는 渤海발해의 世세에 西北塞外서북새외에 오래 慴伏습복하엿다가 高宗고종의 때에 이르러 비로소 強大강대하여 일즉 契丹거란이 高麗고려를 侵犯침범하매 蒙主몽주 窩濶台오고타이가 그 將장 哈眞카진을 보내여 助戰조전하고 因인하여 国交국교를 結결하고 使臣사신이 자조 來往내왕하더니 그 使사 著古與저고여를 高麗고려가 죽엿다 하여 크게 入寇입구하거늘 朴犀박서·金慶孫김경손의 等등이 迎戰영전하여 破파하니 이에 蒙兵몽병이 물너가니라.

第十三課제13과 蒙古몽고의 再寇재구

蒙兵몽병이 물너간 後후에 崔瑀최우가 蒙古몽고를 抗항하기 爲위하여 高宗고종을 勸권하여 江華강화에 遷都천도(蒙兵몽병은 水戰수전에 不能불능한 故고로)하니 이때 皇都황도에 戶数호수가 十三萬戶13만호요 人口인구가 百萬백만 以上이상에 達달하고 全碧전벽이 相望상망하니라.

江華강화에 遷都천도하고 곳 蒙古몽고의 達魯花赤다루가치 七十二人72인을 斬殺참살하니 蒙將몽장 撒禮塔살리타이가 크게 擧兵거병하여 處仁城처인성(今금 竜仁郡용인군)에 이르러 僧將승장 金允侯김윤후에게 죽으니 蒙兵몽병이 大敗대패하여 다라나니라.

第十四課제14과 麗蒙여몽의 講和강화

이때 蒙古主몽고주 成吉思汗칭기스칸이 亞細亜아세아 및 欧羅巴구라파의 列国열국을 거의 다 攻取공취하고 적게 보든 高麗고려와 血戰혈전한 지 三十餘年30여년이 되나 마참내 成功성공치 못하고 서로 講和條約강화조약을 結결하니 이 後후로 蒙寇몽구가 자못 끚이고 元宗원종때에 元원(蒙古몽고가 国号국호를 元원이라 改개함)主주 忽必烈쿠빌라이가 達魯花赤다루가치를 불너가니라.

第十五課제15과 王政왕정의 復古복고

崔氏최씨가 專權전권한 지 八十餘年80여년만에 高宗고종의 世세에 金仁俊김인준의 等등이 崔竩최의를 誅주하매 王政왕정이 復古복고되엿으나 仁俊인준이 또 專橫전횡하거늘 元宗원종이 林衍임연으로 하여곰 誅주하고 衍연과 그 아들 惟茂유무가 이어 執政집정하여 旧京구경에 復都복도함을 反對반대하니 帝제가 洪文系홍문계[81]의 等등으로 하여금 惟茂유무를 斬참하고 旧京구경에 도라오니 百餘年백여년에 亘긍하든 權臣권신의 跋扈발호가 비로소 없어진지라.

第十六課제16과 國勢국세의 復興부흥

元主원주 忽必烈쿠빌라이이 和約화약을 기리 鞏固공고키 爲위하여 그 皇女황녀를 元宗원종의 太子태자 景孝帝경효제(名명은 昛거)에게 嫁가하매 일로부터 紛爭분쟁은 中止중지되였으나 그 勢力세력이 我国아국에 많이 張장하엿고 또 賣国賊매국적 趙暉조휘는 和州화주(今금 永興영흥) 以北이북으로 元원에 附부하고 崔坦최탄은 西京서경(今금 平壤평양) 以北이북으로 元원에 附부하나 宣孝帝선효제[82](名명은 璋장)·懿孝帝의효제[83](名명은 燾도)·献孝帝헌효제[84](名명은 禎정)·顯孝帝현효제[85](名명은 昕흔)를 지나도록 實力실력만 養양하더니 敬孝帝경효제[86](名명은 顓전)에 이르러 元國원국이 마츰 衰亂쇠란한지라. 檀君단군

81) 원본에는 '洪系文'으로 되어 있으나 바로 잡았다.
82) 고려 26대 忠宣王.
83) 고려 27대 忠肅王.
84) 고려 28대 忠惠王.
85) 고려 29대 忠穆王.
86) 고려 31대 恭愍王.

三千六百八十七年3687년[87])에 印鐺인당과 柳仁雨유인우의 等등을 보내여 鴨綠江압록강 以西이서 八站8참과 雙城쌍성(永興영흥) 以北이북을 取취하니 國勢국세가 자못 振與진흥하더라.

第十七課제17과 紅頭軍홍두군의 役역

檀君단군 三千六百九十四年3694년[88])에 紅頭賊홍두적 劉福通유복통이 二十餘萬衆20여만중으로써 皇都황도를 陷함하니 劉福通유복통은 支那人지나인으로 일즉 元원을 排斥배척하여 起기한지라. 이에 敬孝帝경효제가 總兵官총병관 鄭世雲정세운과 元帥원수 安祐안우 · 金得培김득배 · 李芳実이방실의 等등을 보내 賊兵적병 十餘萬십여만을 鏖殺오살하고 其기 魁두 劉闋先生유관선생[89])을 斬참하니 餘賊여적이 도망하더라.

第十八課제18과 舊疆구강[90)의 收復수복

元원이 我国아국의 斥絶척절함을 怨원하여 賣国賊매국적 崔濡최유를 連연하여 數万兵수만병으로 隨州수주(今금 定州정주)를 入寇입구하거늘 都巡慰使도순위사 崔瑩최영의 等등이 쳐서 크게 破파하니 餘賊여적의 生還생환한 者자가 겨우 十七騎17기러라. 元원이 敗패한 지 未幾미기에 中原중원을 明명에게 失실하고 北元북원이 되거늘 敬孝帝경효제가 이에 李成桂이성계를 보내여 鴨綠江압록강을 渡도하여 兀剌山城오라산성[91)](懷仁縣회인현 附近부근)과 東寧府동녕

---

87) 1354년.
88) 1361년.
89) 沙劉과 關先生.
90) 원본에는 '舊彊'으로 되어 있으나 바로 잡았다.
91) 원본에는 '元剌山城'으로 되어 있으나 바로 잡았다.

부(奉天봉천)의 等地등지를 처서 收復수복하니라.

第十九課제19과 崔都統최도통의 征明정명(一)

敬孝帝경효제의 末年말년에 僧승 辛旽신돈이 政権정권을 弄농하여 國綱국강이 大乱대란하매 崔萬生최만생 等등이 帝제를 弑시하고 太子태자 禑우를 세우거늘 이에 都統도통 崔瑩최영이 軍国事군국사를 主張주장하니 瑩영은 雄勇忠直웅용충직한 人인이러라. 이때 明主명주 朱元璋주원장이 일즉 我国아국의 絶和절화함을 怨원하여 都督도독 濮眞복진으로 하여금 三万兵3만병을 거느리고 入寇입구하거늘 崔都統최도통이 처서 破파하니 濮眞복진은 敗패하여 죽고 그 兵병은 한아도 生還생환한 者자 없더라.

第二十課제20과 崔都統최도통의 征明정명(二)

濮眞복진이 敗死패사한 後후에 明명이 鉄嶺철령(今금 江原道강원도에 在재함)以北이북을 取취코저 하거늘 崔都統최도통이 크게 怒노하여 帝제를 勸권하여 明명을 치고저 할 새 李成桂이성계가 그 不可불가함을 力唱역창하는지라. 마참내 李成桂이성계 · 曹敏修조민수로 左右軍使좌우군사를 삼아 五萬兵5만병을 거느리고 明명을 征정하더니 成桂성계가 威化島위화도(鴨綠江압록강)에 이르러 諸將제장과 議의하고 곳 回軍회군하여 崔都統최도통을 죽이어 帝제를 廢폐하고 太子태자 昌창을 세운 後후에 스사로 執政집정하니 鳴呼오호라 우리 民族민족의 外征思想외정사상이 이때에 끈허지니라.

第二十一課제21과 征倭정왜의 役역

元宗원종때에 金方慶김방경이 八千兵8천병으로써 対馬島쓰시마도와 壹岐島이키도를 連克연극하고 三郎浦삼랑포에 登陸등륙하여 倭兵왜병을 크게 破파

하고 帝제 禑우의 世세에 이르러 崔都統최도통의 鴻山大捷홍산대첩과 李成桂
이성계의 雲峰大捷운봉대첩과 鄭地정지의 朴頭洋大捷박두양대첩이 가장 有名유
명하고 帝제 昌창은 元帥원수 朴葳박위를 보내여 兵船병선 百艘백소로 対馬島
쓰시마도를 처서 倭寇왜구의 巢穴소혈을 搗도하니 일로부터 倭寇왜구가 자못
끊이니라.

第二十二課제22과 高麗고려의 亡망

李成桂이성계가 執政집정한 後후에 曹敏修조민수를 逐축하며 帝제 昌창을
廢폐하고 恭讓帝공양제 瑤요를 세우니 天下천하의 政權정권이 다 成桂성계에
게 잇는지라. 成桂성계가 皇室黨황실당 鄭夢周정몽주를 죽이매 帝제가 그 威
勢위세를 懼구하여 位위를 讓退양퇴하고 成桂성계ㅣ 登極등극하여 朝鮮조선
太祖태조가 되니 高麗고려가 建国건국한 지 四百七十五年475년[92]만에 亡망
하니라.

第四章제4장 中古중고의 文化문화(二)[93]

第一課제1과 宗敎종교

祭天제천 및 八関會팔관회는 歷代역대의 帝제가 行行하엿으나 佛敎불교 ·
儒敎유교가 크게 盛성하니라. 佛敎불교는 太祖태조 以來이래로 甚심히 崇奉숭

---

92) 계봉우는 고려의 건국과 멸망을 918과 1391년[실제는 1392]으로 보았으므로
고려의 존속기간은 474년이고 건국된 지 473년만에 망한 것으로 보았다.
그러나 실제 고려의 존속기간은 475년이다.

93) 원본과 목차에는 '第四章 中古의 文化'로 되어 있다. 그러나 앞장의 목차가
'第二章 中古의 文化(一)'로 되어 있는 점으로 보아 이 장은 '第四章 中古의 文
化(二)'에 해당된다. 이에 바로 잡았다.

봉하여 燃燈會연등회와 百高座백고좌를 자조 設설설하고 文宗문종의 世세붙어 皇子황자가 僧승된 者자가 많코 有名유명한 高僧고승에 大覺대각·一然일연·懶翁나옹·無學무학 等등이 잇으며 儒敎유교는 成宗성종대에 盛성하다가 그 後후에 佛敎불교보다 衰微쇠미하더니 懿孝의효의 世세에 白頤正백이정이 支那지나에 往왕하여 程朱學정주학을 修수하여 도라오니 이는 곳 程朱學정주학이 行행하는 如여요 有名유명한 學者학자는 崔冲최충·安裕안유·白頤正백이정·禹倬우탁·李穡이색·鄭夢周정몽주의 等등이니 그 中중 崔冲최충·鄭夢周정몽주는 性理學성리학(곳 程朱學정주학)에 明명하여 學問학문 道德도덕이 當世당세에 冠관하니라.

大槪대개 僧徒승도는 尊王愛國존왕애국의 風氣풍기가 많으나 儒家유가는 本國본국을 自卑자비하여 武强무강을 排斥배척함으로 國粹국수가 減削감삭되고 맛참내 文弱문약함에 이르니라.

第二課제2과 政治정치

全國전국을 京畿경기 및 五道兩界5도양계로 난호고 또 三京3경을 두니 京畿경기에는 帝제가 元首원수가 되여 萬機만기을 惚攬총람하고 帝제의 下하에 中書下省중서하성과 尙書省상서성이 잇서 그 政정을 總理총리하고 그 次차에 六部6부가 잇어 政務정무를 分掌분장하고 五道5도에는 按察使안찰사를 두며 西界서계에는 兵馬使병마사를 두며 三京3경에는 留守유수를 두니라.

第三課제3과 法典법전

法典법전은 笞태·杖장·徒도·流유·死사의 五刑5형이 잇고 刑律형률은 十二律12율에 分분하니 總총히 六十九章69장이오. 死刑사형까지 다 銅동으로 贖속함을 얻으며 皇室황실에 大慶대경이 잇으면 大赦대사를 行행하고 民法민법은 立嗣입사 私田사전 및 奴婢노비에 関관한 等등 法規법규가 잇나니라.

第四課제4과 軍制군제

國民국민은 다 兵役병역의 義務의무가 잇서 二十20에 始시하여 六十60에 免면하고 中央중앙에 鷹揚응양·龍虎용호 二軍2군이 最上최상에 잇고 그 次차에 六衛6위를 두고 軍政군정은 帝제의 下하에 兵部尙書병부상서가 統理통리하고 皇都황도에 入衛입위치 아니하는 者자는 州縣軍주현군이라 하니라.

第五課제5과 敎育교육

國子監국자감이 敎育교육을 掌장하여 中央중앙에 國子學국자학·大學대학·四門學사문학을 두고 博士박사와 助敎조교을 分置분치하여 學生학생을 가룻이니 各學각학에 學生학생이 各各히 三百人3백인이오 仁宗인종의 世세붙어 各각 地方지방에 州縣學校주현학교를 設設하니 私立學校사립학교 가운데 가장 有名유명한 者자은 十二徒십이도라. 그러나 다 漢文學한문학만 主주할 뿐이오 前代전대의 尙武상무 敎育교육은 그 從跡종적이 絶절하니라.

第六課제6과 文學문학

光宗광종대에 科擧과거로 取士취사한 後후로 文風문풍이 漸興점흥하여 文學者문학자가 輩出배출하니 그 中중에 詩人시인으로 鄭知常정지상·權近권근과 文人문인으로 李奎報이규보가 第一제일 有名유명하고 著者저자에는 金富軾김부식의 三國史삼국사와 僧승 一然일연의 三國遺事삼국유사와 李奎報이규보의 李相國集이상국집이 잇나니라.

第七課제7과 藝術예술

建築術건축술은 德宗덕종의 千餘里関城천여리관성과 宣宗선종의 十三層黃金塔13층황금탑이 有名유명하고

製造제조는 朴元綽박원작의 繡質弩수질노 밋 二十四般兵器24반병기와 恭讓帝공양제의 世세에 鐵活字철활자가 有名유명하고

美術미술은 成宗성종[94]이 制造제조한 大藏經板대장경판이 至今지금 海印寺해인사에 잇으나 千餘年천여년 동안에 조금도 虫蝕충식이 업스니 그때에 化學화학이 發達발달됨을 可가히 알갯고 獻孝헌효의 世세에 本國地形본국지형을 象상한 銀口瓶은구병이 有名유명하고

筆家필가에 洪権홍권·韓修한수가 있고 画家화가에 李寧이녕·李光弼이광필 等등이 가장 著名저명하니라.

---

94) 원본에는 '成宗成宗'으로 되어 있으나 이는 衍文이므로 바로 잡았다.

『우리國史국사』(三) 近古史근고사

目次

---

[95] 본문에는 '黨爭 및 門閥이'로 되어 있다.

[96] 원본 목차에는 '近世'로 되어 있으나 본문에는 '近古'로 되어 있다. 이에 본문에 따라 '近古'로 바로 잡았다.

第三編제3편 近古史근고사

第一章제1장 朝鮮時代조선시대

第一課제1과 朝鮮조선의 建国건국

檀君단군 三千七百二十四年3724년[97]에 太祖태조 李成桂이성계 高麗고려를 代대하여 朝鮮国조선국을 세우매 高麗節臣고려절신 李穡이색·元天錫원천석 等등이 다 退隱퇴은하니 杜門洞두문동·不朝峴부조현이 가장 有名유명하니라. 이때에 暹羅섬라[98]와 琉球유구는 使臣사신을 보내여 方物방물을 드리고 李之蘭이지란은 女眞여진을 招安초안하여 孔州공주 進北이북에 城성을 築축하며 또 明国명국(支那지나)과 和親화친하니라.

第二課제2과 隆治융치의 時代시대

太祖태조가 創業창업한 後후에 가장 全盛전성한 時代시대는 世宗세종의 時代시대이니 太宗태종이 임이 申聞皷신문고를 두어 民寃민원을 펴게 하고 図識도참을 燒소하여 衆惑중혹을 없게 하여 政治정치가 거의 整頓정돈되더니 世宗세종에 이르러 学術학술을 興흥하며 忠孝충효를 獎장하고 主人주인이 奴婢노비를 濫殺남살치 못하게 하며 集賢殿집현전에 学士학사를 두어 顧問고문을 삼으니 隣国인국이 말하기를 東方聖人동방성인이라 하더라.

第三課제3과 治國치국의 大失策대실책

太祖태조가 建国건국할 때에 그 功臣공신에 西北서북사람이 가장 많음으

---

97) 1391년. 조선의 실제 건국연대는 1392년이다.
98) 오늘날 태국.

로 西北서북사람은 大用대용치 말게 하고 또 国국을 治치함에 姑息고식을 主주하여 文문을 尙상하고 武무를 抑억하며 外交上외교상에 柔弱主義문약주의를 行행하고 太宗태종은 婦女부녀의 改嫁개가를 禁금하며 嫡庶적서의 階級계급을 定정하니 此차가 亡国망국의 原因원인이 되니라.

第四課제4과 対馬島쓰시마도의 役역

太祖태조때에 壹岐이키와 対馬島쓰시마도를 치고 定宗정종도 対馬島쓰시마도를 치더니 檀君단군 三千七百三十二年3732년[99]에 倭寇왜구가 支那지나에 向향한다 稱칭하고 黃海道황해도에 와서 糧食양식을 乞걸하거늘 世宗세종이 柳廷顯유정현 · 李從茂이종무 等등을 보내여 対馬島쓰시마도를 처서 賊船적선 百四十九隻149척을 奪탈하고 倭戶왜호 二千九百三十九2939를 焚분하고 首級수급 百餘級백여급을 벼히고 二十一名21명을 俘獲부획하니라.

第五課제5과 世祖時세조시의[100] 革命乱혁명란

世祖세조가 王位왕위를 謀모할 때에 端宗단종의 親臣친신 金宗瑞김종서를 죽이니 일즉 金宗瑞김종서로 더부러 六鎭6진을 開拓개척하고 咸吉道節制使함길도절제사 되엿든 李澄玉이징옥이 禍화를 懼구하여 革命혁명을 擧거하여 上京상경코저 하다가 이에 大金皇帝대금황제라 稱칭하고 五国城오국성을 向향할 새 鍾城종성에 이르러 敗패하여 죽고

또 吉州人길주인 李施愛이시애가 其기 弟제 李施合이시합으로 더부러 革命軍혁명군을 擧거하여 咸兴함흥 以北이북의 州郡주군을 取취하고 京城경성으로

---

99) 1399년.

100) 원본 본문에는 '世祖時에'로 되어 있으나 목차에는 '世祖時의'로 되어 있다. 이에 목차에 따라 바로 잡았다.

向향하다가 敗패하여 죽으니라.

第六課제6과 士禍사화의 屢起누기

太祖태조의 世세부터 文弱문약의 主義주의로 政治정치의 本본을 삼은 故고
로 国家국가의 実力실력이 날로 減削감삭하더니 燕山王연산왕때에 戊午士禍
무오사화와 甲子士禍갑자사화가 이러나고 中宗중종때에 己卯士禍기묘사화가
이러나고 明宗명종때에 乙巳士禍을사사화가 이러나니 이에 人才인재가 거의
盡진하고 国運국운이 더 傾경하니라.

第七課제7과 壬辰倭寇임진왜구

檀君단군 三千九百四十五年3945년[101]에 倭酋왜추 豊臣秀吉도요토미 히데요
시이 明國명국을 伐벌한다 称칭하고 假途가도하기를 請청하거늘 我廷아정이
許허치 아니 하엿더니 秀吉히데요시이 二十萬20만 水陸軍수륙병으로 小西行
長고니시 유키나카 · 加藤清正가토 기요마사의 等등을 보내여 入寇입구할 새 釜
山부산을 陷함하고 京城경성을 向향하거늘 宣祖선조 | 이에 義州의주를 幸행
하여 明國명국에 請兵청병하여 提督제독 李如松이여송이 來救내구하니 如松여송
의 祖조는 곳 咸鏡道함경도고 渭原위원(今금 平安道평안도 等地등지)사람이러라.

第八課제8과 各道각도의 義兵의병

잇때 各道각도에서 忠義충의의 士사가 義旗의기를 擧거하여 倭寇왜구를 奮
擊분격하니 湖南호남에 高敬命고경명 · 金千鎰김천일과 湖西호서에 趙憲조헌과
嶺南영남에 郭再祐곽재우와 関北관북에 鄭文孚정문부와 関西관서에 金景瑞김

---

101) 1612년. 임진왜란은 단군 3925년(1592)에 일어났다. 이 부분은 계산상의
    오류로 보인다.

경서와 海西해서에 李廷馣이정암이 가장 有名유명하고 또 僧승에는 休靜휴정의 徒도 惟政유정 및 處英처영·靈圭영규가 잇고 女子여자에 妓기 論介논개와 桂月香계월향이 잇더라.

第九課제9과 李忠武이충무의 偉勳위훈

東西동서 海軍界해군계에 前無後無전무후무한 忠武公충무공 李舜臣이순신이 마츰 全羅道左水使전라도좌수사가 되엿다가 龜船귀선으로써 閒山島한산도 밋 露梁노량 等地등지에서 倭왜의 水軍수군을 覆滅복멸하니 이럼으로 英國海軍記영국해군기에 가로되 高麗고려의 戰船전선은 鐵板철판으로써 包砲하여 龜甲귀갑과 如여하여 倭왜의 木造兵船목조병선을 破破하엿으니 世界세계에 最古최고 鉄甲船철갑선은 高麗人고려인이 創造창조하엿다 하더라.

第十課제10과 倭왜의 再寇재구[102]

權慄권율은 梨峴이현(全羅道전라도 錦山郡금산군) 및 幸州행주(京畿道경기도 高陽郡고양군)에서 大捷대첩하고 鄭文孚정문부는 臨慄임율(吉州길주)에서 大捷대첩하고 李廷馣이정암은 延安연안에서 大捷대첩하매 倭寇왜구가 크게 失勢실세하여 和約화약을 請청하고 退去퇴거하더니 檀君단군 三千九百五十年3950년[103]에 又 入寇입구하여 素沙坪소사평(忠淸南道충청남도 禮山예산)에서 大敗대패하고 其기 酋추 秀吉히데요시이 죽으니 이에 退兵퇴병한지라. 이를 我國아국 歷史역사에 이른바 八年戰爭팔년전쟁 및 壬辰亂임진란이라 하나니라.

---

102) '第十課 倭의 再寇' 부분은 등사 후 輯綴 과정에서 실수로 인해 판심 안쪽으로 들어가 있다. 그래서 뒤의 원본(190쪽)에서는 이 부분이 보이지 않는다.

103) 1617년. 정유재란은 단군 3931년(1598)에 일어났다. 이 부분은 계산상의 오류로 보인다.

第十一課제11과 滿洲만주의 入寇입구

北方북방에 女眞族여진족(곳 滿洲만주) 愛親覺羅애친각라[104]가 興흥하여 蒙古몽고 및 支那지나를 呑탐하고 國號국호를 淸청이라 하니 일즉 我國아국에 臣屬신속하여 千戶萬戶천호만호의 職직을 受수하든 者자더라. 仁祖인조대에 淸主청주 弘佗時홍타이지[105]가 十三萬兵13만병으로써 京城경성을 入寇입구하거늘 仁祖인조가 南漢山城남한산성에 幸행하엿다가 崔鳴吉최명길의 策책을 利用이용하여 서로 和親화친하니 淸寇청구가 退퇴한지라. 이는 壬辰乱임진란 뒤에도 武備무비를 講修강수치 아니하다가 또 淸寇청구의 侵入침입을 받앗으니 이른바 丙子胡乱병자호란이니라.

第十二課제12과 黨爭분쟁의 終始종시

明宗명종 末年말년에 東西동서의 黨당이 始시하여 宣祖선조때에 黨論당론이 크게 起기하고 光海광해때에 東人동인이 變변하여 南北黨남북당이 되엿더니 肅宗숙종에 이를러 西人서인 中중에 또 老少論노소론이 난호아 東西南北동서남북의 四色사색이 各立각립하여 口舌구설로써 干戈간과를 代대하여 正論정론이 消滅소멸되고 人才인재를 遺棄유기하니라.

第十三課제13과 黨爭당쟁 및[106) 門閥문벌의[107) 弊害폐해

宣祖선조대에 倭寇왜구의 侵害침해를 받음은 李珥이이이 養兵論양병론만 不

---

104) 청 태조.

105) 청 태종.

106) 목차에는 '及'으로 되어 있다.

107) 원본 본문에는 '門閥이'로 되어 있으나 목차에는 '門閥의'로 되어 있다. 이에 목차에 따라 바로 잡았다.

用불용할 뿐 아니라 金誠一김성일·黃允吉황윤길의 意見의견이 같지 아니하고 또 李舜臣이순신·金德齡김덕령 같은 名將명장·功臣공신을 서로 謀害모해한 까닭이오 仁祖인조때에 李适이괄이 靖社정사의 首功수공을 金自點김자점 等등에게 奪奪탈한 바 되어 寧邊영변에서 革命혁명을 擧거하고 英祖영조때에 李麟佐이인좌 및 李夏徵이하징의 等등이 忠淸道충청도에서 革命혁명을 擧거함이 다 黨爭당쟁의 까닭이오.

純祖순조때에 洪景來홍경래가 關西관서에서 革命혁명을 擧거하여 嘉山가산 等등 七邑7읍을 據거함은 門閥문벌을 崇尙숭상한 까닭이니 洪景來홍경래는 李朝이조 五百年5백년에 가장 有名유명한 大革命대혁명이니라.

第十四課제14과 安龍福안용복

安龍福안용복은 東萊동래사람으로 倭語왜어를 잘하더니 그때에 對馬島主쓰시마도주가 우리 欝陵島울릉도를 取취하거늘 龍福용복이 寸土尺地촌토척지라도 倭왜에게 侵奪침탈됨을 憤분하여 곧 伯耆州호키주(倭地왜지)에 가서 그 太守태수의[108] 銀幣은폐를 固辭고사하여 가로되 此차가 我아에 願원하는 바아니라 한대 太守태수가 關白관백에게 告고하여 다시 犯取범취치 아니한다는 盟誓맹세를 取취하여 가지고 도라오더니 그 後후에 对馬島主쓰시마도주가 또 侵犯침범하는지라. 龍福용복이 크게 怒노하여 欝陵島울릉도에 가서 倭왜을 結縛결박하여 犯境범경한 罪죄를 痛罵통매하고 그 器皿기명를 다 破碎파쇄하여 멀니 逐送축송하고 伯耆州太守호키주태수를 責책하니 此後차후로 倭왜가 다시 鬱陵島울릉도를 犯범치 못하니라.

---

108) '龍福이 寸土尺地라도 倭에게 侵奪됨을 憤하여 곧 伯耆州(倭地)에 가서 그 太守의' 부분은 등사 후 輯綴 과정에서 실수로 인해 판심 안쪽으로 들어가 있다. 그래서 뒤의 원본(192쪽)에서는 이 부분이 잘 보이지 않는다.

第十五課제15과 外戚외척의 專權전권

純祖순조가 崩붕하고 그 孫손 憲宗헌종이 立입하매 年幼연유한지라. 이에 外戚외척 金氏김씨(純祖순조의 后후의 一族일족)와 外戚외척 趙氏조씨(憲宗헌종 母后모후의 一派일파)가 서로 爭權쟁권하다가 맛참내 趙氏조씨가 專權전권하여 國政국정을 亂난하고 憲宗헌종이 崩붕하고 哲宗철종이 立입하매 그 皇后황후의 族족 金汶根김문근 · 金佐根김좌근 · 金炳翼김병익 等등이 勢道세도가 되어 國政국정을 亂난하더니 哲宗철종이 無嗣무사하거늘 趙后조후(憲宗헌종의 母后모후)가 興宣君흥선군 李昰應이하응의 子자를 迎영하여 세우니 이는 光武帝광무제(名명 熙희)이러라.

第二章제2장 近古근고의 文化문화

第一課제1과 宗教종교

太祖태조의 대붙어 儒教유교를 尊존하고 佛教불교를 抑억하여 僧侶승려는 人類인류에 齒치치 못하게 하나 西山大師서산대사와 泗溟堂사명당 같은 高僧고승이 有名유명하엿고 太宗태종의 後후로 儒教유교가 크게 蔚興울흥하엿고 金宏弼김굉필 · 趙光祖조광조 · 李滉이황 · 李珥이이 等등의 有名유명한 大學者대학자가 輩出배출하니 李滉이황는 李朝이조 五百年5백년에 第一儒教宗제일유교종이오 儒教유교 以外이외에는 다 異端이단이라 하여 國法국법으로써 嚴禁엄금하니라.

第二課제2과 政治정치

全國전국을 八道8도로 난호고 八道8도를 또 州府郡縣주부군현으로 난호아 道도에는 觀察使관찰사, 州주에는 牧使목사, 府부에는 府使부사 或혹은 府尹부윤, 郡군에는 郡守군수, 縣현에는 縣令현령 或혹 縣監현감을 두고 이 外외에 鎭진에 僉使첨사와 驛역에는 察訪찰방이 있으며 中央중앙에 議政府의정부를 두어 領議政영의정이 大政대정을 總理총리하고 그 下하에 六部6부를 두어 政務정무를 分掌분장하니라.

第三課제3과 法典법전

太祖태조가 처음 鄭道傳정도전 · 河崙하륜 等등을 命명하여 經國元典경국원전 · 續典속전을 纂찬하여 開國規模개국규모를 定정하더니 世宗세종이 經濟六典경제육전을 構成구성하고 刑형은 笞태 · 杖장 · 徒도 · 流유 · 死사의 五刑5형이 잇고 刑律형률은 二十二章22장이 잇으나 中宗중종 以後이후로 紀綱기강이 大壞대괴하여 法制법제는 오직 文具문구가 되니라.

第四課제4과 軍制군제

國初국초붙어 傭兵制度용병제도와 徵兵制度징병제도를 雜用잡용하니 傭兵용병은 常備兵상비병이오 戰時兵전시병은 徵兵징병이라. 그러나 貴族귀족 · 士族사족 · 儒生유생 等등은 다 兵役병역을 免면하고 下級하급의 人民인민만 兵役병역에 充충하여 軍兵군병을 奴隸노예갓이 賤視천시하니 此차가 곳 亾國망국의 原因원인이오 全國軍政전국군정을 兵曹병조가 掌장하고 其기 下하에 五衛都揔府5위도총부가 잇으니 常備兵상비병이 數萬수만이 넘지 못하니라.

第五課제5과 敎育교육

京城경성에 成均館성균관을 두어 敎育學藝교육학예의 最高최고 機関기관을 삼으매 이는 곳 太學館태학관이라 儒學유학을 專主전주하고 司譯院사역원에는 漢語한어 · 蒙古語몽고어 · 倭語왜어 · 女眞語여진어의 各科각과가 잇고 京城四郡경성사군에 四學사학을 두고 各각 道邑도읍에는 다 鄕校향교를 두매 學

科學과는 다 漢文한문뿐이라 學制학제가 크게 失宜실의하여 國民衰退국민쇠퇴
의 大原因대원인[109]이 되니라.

第六課제6과 文學문학

文化문화는 國初국초 以來이래로 盛興성흥하다가 世宗세종에 이를러 訓民
正音훈민정음 곳 子母音자모음 二十八字28자를 지으매 文字문자가 巧妙교묘
하여 國家進步국가진보에 크게 有力유력하니 世界세계 古今고금에 特絶특절한
國文국문이오 文人문인에 朴趾源박지원과 詩人시인에 申光洙신광수가 가장 有
名유명하고 著書저서에는 世宗세종대에 官撰관찬한 治平要覽치평요람 等등 數
十種수십종과 鄭麟趾정인지의 高麗史고려사와 朴趾源박지원의 熱河日記열하일
기와 英祖영조의 文獻備考문헌비고 等등 諸書제서와 正祖정조[110]의 國朝宝鑑
국조보감 等등 諸書제서와 丁若鏞정약용의 牧民心書목민심서가 有유하니라.

第七課제7과 藝術예술

建築건축 및 製造術제조술은 高麗時代고려시대보다 甚심히 退步퇴보하여 分
院분원(廣州광주)砂器사기가 비록 著名저명하나 高麗磁器고려자기를 不及불급
하고 朴晉박진의 震天雷진천뢰는 李忠武이충무의 亀船귀선과 함께 有名유명하
여 世界세계 鉄砲철포의 鼻祖비조가 되고 太宗태종은 銅鑄活字동주활자를 製
제하고 筆家필가에 韓濩한호이 잇으며 音樂大家음악대가에 朴堧박연이 잇고
畫家화가에 古山子고선자가 잇섯나니라.

---

109) 원본에는 '大原困'으로 되어 있으나 바로 잡았다.
110) 원본에는 '正朝'로 되어 있으나 바로 잡았다.

第三章제3장 大韓時代대한시대

第一課제1과 大院君대원군의 內政내정(一)

光武帝광무제가 登極등극하여 興宣君흥선군으로 大院王대원왕을 삼음애 大院王대원왕이 이에 金佐根김좌근의 黨與당여를 一黜일축하고 趙斗淳조두순 · 李景夏이경하 等등을 크게 用用하여 自己자기의 黨당을 만들고 一千萬圓1천만원의 巨額거액으로 景福宮경복궁을 다시 建築건축하며 備辺司비변사를 罷파하고 軍府군부을 設설하니 이는 中宗世중종세붙어 備邊司비변사를 設설하여 軍國實權군국실권이 다 此차에 잇시 弊폐가 많음이니라.

第二課제2과 大院君대원군의 內政내정(二)

이에 武政무정을 興흥하여 別驍士별효사라 하는 精兵정병을 새로 두며 各각 地方지방에 軍士군사를 練연하며 要塞요새마다 砲臺포대를 築축하고 또 貴族政治귀족정치에 平民평민이 大困대곤함을 除제코저 하여 用人용인에 黨派당파를 不拘불구하여 四色사색의 紛爭분쟁을 罷파하고 各處각처에 密使밀사를 보내여 貴族귀족의 橫恣횡자를 嚴禁엄금하고 各道각도에 書院서원 一千餘処1천여처를 毀撤훼철하니 이는 士族사족 및 儒生輩유생배가 書院서원을 籍적하여 平民평민을 侵凌침릉함이라.

第三課제3과 大院王대원왕의 外政외정(一)

正祖정조대붙어 天主敎천주교의 流入유입됨을 嚴禁엄금하더니 哲宗철종의 世세에 甚심히 盛성하고 이때에 이르러 承旨승지 南鍾三남종삼의 等등이 俄國러시아의 通商통상코져 하는 時機시기를 利用이용하여 天主敎천주교를 拡張확장하려 하거늘 大院王대원왕이 그 敎徒교도 數千人수천인과 法國프랑스 宣敎師선교사 十餘人십여인을 죽이니 法國프랑스 軍艦군함이 江華강화에 入寇

입구하는지라. 이에 千摠천총 梁憲洙양헌수를 보내여 크게 破파하니 이를 丙寅亂병인란이라 하나니라.

第四課제4과 大院王대원왕의[111] 外政외정(二)

大院王대원왕이 法寇법구를 破파한 後후로 더욱 鎖國攘外쇄국양외의 主義주의를 表示표시하더니 美艦미함 五隻5척이 江華강화를 入寇입구하거늘 魚在淵어재연 等등을 보내여 破파하니 이는 일즉 大同江대동강에서 美國미국 商船상선을 砲擊포격한 故고이오 日本일본이 舊好구호을 修수코저 하여 明治메이지 初年초년붙어 几범 八年8년 동안에 그 國書국서가 二十三四回이십삼사회에 至지하되 大院王대원왕이 受수치 아니니라.

第五課제5과 閔族민족의[112] 專政전정

光武帝광무제가 閔致祿민치록의 女여로써 后후를 삼으매 그 族족 閔升鎬민승호 等등이 政權정권을 擅천하고 大院王대원왕은 失勢실세하여 退퇴한지라.

閔族민족이 執政집정한 後후에 곳 日本일본과 通商條約통상조약을 締結체결하고 그 公使공사가 京城경성에 와서 駐주하니 이는 大院王대원왕이 그 國書국서를 平日평일에 拒絕거절함과 江華강화에서 그 軍艦군함 雲揚號운요호를 砲擊포격한 事사로 詰問힐문을 當당하여 右議政우의정 朴珪壽박규수의 議의를 從종함이라.

---

111) 원본 본문에는 '大院王이'로 되어 있으나 목차에는 '大院王의'로 되어 있다. 이에 목차에 따라 바로 잡았다.
112) 원본 본문에는 '閔族에'로 되어 있으나 목차에는 '閔族의'로 되어 있다. 이에 목차에 따라 바로 잡았다.

第六課제6과 独立黨독립당과 守舊黨수구당

江華條約강화조약의 後후에 金玉均김옥균 等등이 日本일본에 徃왕하여 文物문물의 進步진보와 世界세계의 大勢대세를 보고 淸國청국의 干涉간섭이 過度과도함을 怒노하여 日本일본을 賴뢰하여써 朝鮮조선의 独立독립을 鞏固공고코저 하니 이를 独立党독립당이라 하고 壬午軍変임오군변 後후에 閔泳穆민영목 等등은 淸国청국에 親附친부하여 그 勢力세력을 扶植부식코저 하니 이를 守旧黨수구당이라 하니라.

第七課제7과 独立黨독립당의 失敗실패

檀君단군 四千二百七十年4270년[113])에 金玉均김옥균 · 朴泳孝박영효 等등이 郵政局우정국의 祝宴축연을 因인하여 守旧黨수구당 閔泳穆민영목 · 閔台鎬민태호 等등을 죽이고 獨立國독립국 体面체면을 保有보유코저 하다가 淸將청장 袁世凱위안스카이에게 逐逐한 바 되고 마참내 淸日청일 兩國양국의 天津條約텬진조약이 되니 이는 將来장래 朝鮮조선에 有事유사하여 両国양국 中중에 出兵출병하거든 彼此피차 알게 함이라.

第八課제8과 東学黨동학당과 淸日戰爭청일전쟁

檀君단군 四千二百二十六年4226년[114])에 東学黨동학당 全琫準전봉준이 全羅道전라도에서 起兵기병하니 衆중이 五六万오륙만이오 그 名義명의는 倭왜를 逐逐하고 權貴권귀를 滅멸하자 함이라. 이에 淸国청국의 援兵원병이 牙山아산에 上陸상륙하고 日兵일병이 또 来来하니 東学党동학당은 곳 潰散궤산하고

---

113) 1884년.
114) 1893년.

마침내 淸日戰爭청일전쟁이 되니라.

第九課제9과 政黨정당의 分立분립

淸日戰爭청일전쟁의 結果결과로 附淸党부청당은 辞退사퇴하고 親日党친일당 朴泳孝박영효 等등이 政治정치를 革新혁신할 새 國號국호를 大韓대한이라 하며 年號연호를 光武광무라 하더니 그 後후에 日兵일병이 閔后민후를 害해하거늘 李範晉이범진 等등은 露國노국을 結결하여 帝제를 露館노관에 播遷파천케 하니 이는 排日党배일당이오 徐載弼서재필·尹致昊윤치호 等등은 美國미국을 親친하여 獨立協会독립협회를 成성하니 이는 日露排斥党일로배척당이라. 다 外國외국을 依賴의뢰한 故고로 마참내 亡國망국하는 原因원인이 되니라.

第十課제10과 露日戰爭노일전쟁과 五條約5조약

檀君단군 四千二百三十七年4237년[115]에 日本일본이 我國아국의 獨立독립을 鞏固공고하며 東洋平和동양평화를 維持유지한다 하여 露國노국과 戰爭전쟁을 開개하더니 그 大勝대승한 餘威여위로써 翌年익년[116] 乙巳을사 十一月11월 十七日17일에 伊藤博文이토 히로부미이 五賊5적 李完用이완용·李址鎔이지용[117]·李根澤이근택·朴齊純박제순·權重顯권중현을 强逼강핍하여 五條約5조약을 締結체결하니 그 條約조약은 韓國外交部한국외교부를 廃廃폐폐하며 京城경성에 統監통감을 置치한 事사이더라.

---

115) 1904년.

116) 1905년.

117) 원본에는 '李址容'으로 되어 있으나 바로 잡았다.

第十一課제11과 五條約5조약의 結果결과

五條約5조약이 締結체결한 後후에 全國전국이 振動진동하여 婦孺老少부유노소가 서로 吊哀조애하여 가로되 五百年5백년 宗社종사가 今日금일에 亡망하엿다 하여 学校학교와 市肆시사가 다 撤廃철폐되고 이에 輔国보국 閔泳煥민영환이 自刎자문하여 죽으며 元老원로 趙秉世조병세와 參判참판 洪萬植홍만식과 駐英公使주영공사 李漢應이한응과 学部主事학부주사 李相哲이상철과 兵丁병정 金春学김춘학과 山林산림 宋秉璿송병선이 次第차제로 殉節순절하니라.

第十二課제12과 閔泳煥민영환[118]의 遺書유서

閔泳煥민영환이 大勢대세의 去거함을 알고 死사할 새 同胞동포에게 遺書유서하니 그 書서에 曰왈 國恥民辱국치민욕이 此차에 至지하니 우리 人民인민이 將次장차 生存競爭생존경쟁 中중에 殄滅진멸할지라. 大抵대저 苟且구차히 生생을 要요하는 者자는 죽고 死사를 要요하는 者자는 도리혀 生생하나니 諸公제공은 엇지 此차를 諒양치 못하나뇨. 泳煥영환은 一死일사로써 皇恩황은을 仰報앙보하며 아울너 우리 二千萬2천만 同胞동포에게 謝사하노니 泳煥영환이 비록 死사하여도 死사치 아니하고 諸君제군을 九泉下구천하에 陰助음조하리니 나의 同胞동포는 千萬奮励천만분려하여 志気지기를 堅確견확하여 學問학문을 더욱 힘쓰고 結心戮力결심육력하여 우리의 自由独立자유독립을 回復회복하면 死者사자 ㅣ 寞々명명 中중에서 喜笑희소하리라.

---

118) 원본의 본문에는 '閔泳漢'으로 되어 있으나 목차에는 '閔泳渙'으로 되어 있다. 이에 목차에 따라 바로 잡았다.

第十三課제13과 海牙헤이그의 李儁이준

檀君단군 四千二百四十年4240년[119)에 李相卨이상설·李儁이준·李瑋鍾이위종 三人3인이 和蘭네덜란드 海牙府헤이그부 萬國平和会議만국평화회의에 出席출석하여 韓國한국의 獨立독립을 恢復회복할 事사로 控告詞공고사를 提出제출하고 李儁이준는 忠憤충분을 이기지 못하여 自決자결하니 이에 日本일본이 大臣대신 林董하야시 다다시을 보내여 七賊7적 李完用이완용·任善準임선준·李秉武이병무·李載崐이재곤·高永喜고영희·趙重應조중응·宋秉畯송병준 等등을 会同회동하여 七協約7조약을 締結체결하고 또 皇帝황제를 強逼강핍하여 讓位양위케 하며 軍隊군대를 解散해산하니 義兵의병이 各各 地方지방에서 蜂起봉기하더라.

第十四課제14과 義兵의병의 因果인과

檀君단군 四千二百二十八年4228년[120)에 日兵일병이 閔后민후를 죽이매 그 때에 柳麟錫유인석이 비로소 日本일본을 討滅토멸하기 爲위하여 義兵의병을 擧거하고 및 五條約5조약이 되매 忠淸道충청도에서 閔宗植민종식·崔益鉉최익현 等등이 次第차제로 起기하고 咸鏡北道함경북도에 李範允이범윤이 起기하더니 光武帝광무제가 讓位양위하는 때를 当당하여 義兵의병이 處々처처에 蜂起봉기하여 日人일인을 殺戮살육하니 이는 軍民군민이 다 国権국권의 喪失상실됨을 忿恨분한하다가 此機차기를 乘승하여 起기함이라.

義兵의병에 가장 有名유명한 者자는 畿湖기호에 李康年이강년·延起羽연기우와 嶺南영남에 李麟栄이인영·金海山김해산과 関東관동에 閔肯鎬민긍호·姜

---

119) 1907년.

120) 1895년.

基東강기동과 関北관북에 洪範図홍범도·車道善차도선[121]과 沿海州연해주에 李範允이범윤·崔在亨최재형 等등이 있으니 時勢시세의 利害이해를 因인하여 아직 成功성공치는 못하였으나 그 民気민기의 不死불사함을 가히 알지니라.

第十五課제15과 社會사회와 學校학교

일즉 獨立協会독립협회가 破散파산된 後후에 自强会자강회와 大韓協会대한협회가 이러나니 이는 다 政黨社会정당사회로 殖産教育식산교육을 專主전주하였고 西北人士서북인사가 西北学会서북학회를 京城경성 中央중앙에 두고 協成學校협성학교를 設立설립하여 教育교육을 勸奬권장하니 이에 国內人士국내인사가 感奮감분하여 다 学会학회를 組織조직하고 学事학사를 講究강구하며 檀君단군 四千二百二十八年4228년[122]부터 政府정부에서 官立学校관립학교를 비로소 設설하여 教育교육을 크게 実行실행하매 私立學校사립학교가 日일로 興起흥기하여 文明문명에 猛進맹진하다가 合併합병 後후에 漸次점차 蔑廢멸폐가 되니라.

內外國내외국이 賣国黨매국당이라 指目지목하는 一進会일진회는 일즉 東学餘派동학여파로 日露戰爭일로전쟁(開戰개전)時시에 그 会회를 組織조직하여 会頭회두 宋秉畯송병준·李容九이용구 等등이 스사로 其기 党당이 百萬名백만명이라 하고 五條約5조약때에 保護宣言書보호선언서를 各國각국에 傳布전포하며 日人일인이 義兵의병과 싸호면 그의 前駈전구가 되더니 또 合併聲明書합병성명서를 世界세계에 傳布전포함으로 人民인민이 다 그 会회를 仇視구시하더라.

---

121) 원본에는 '車道先'으로 되어 있으나 바로 잡았다.
122) 1895년.

第十六課제16과 義士의사의 踵起종기

五條約5조약을 한 後후에 羅寅永나인영·吳基鎬오기호 等등이 五賊5적을 죽이고저 하다가 其기 志지를 遂수치 못하더니 檀君단군 四千二百四十一年 4241년[123] 三月3월 二十四日24일에 張仁煥장인환이 桑港샌프란시스코에서 美人미인 須知分스티븐스[124]을 砲殺포살하고 翌年익년 十月10월 十三日13일에 安重根안중근이 哈爾濱하얼빈에서 伊藤博文이토 히로부미을 砲殺포살하고 仝年동년 十二月12월 二十三日23일에 李在明이재명이 賣国賊매국적 李完用이완용을 刀刺도자하더라.

第十七課제17과 合併합병의 恥辱치욕

檀君단군 四千二百四十三年4243년[125] 八月8월 二十九日29일에 日本일본이 統監통감 寺內正毅데라우치 마사다케로 하여곰 强制강제로 合併합병하고 京城경성에 朝鮮總督府조선총독부를 두니 이는 伊藤博文이토 히로부미이 砲殺포살을 当당한 後후에 倭왜놈들이 憤怒분노하여 合併條約합병조약을 促成촉성함이라. 嗚呼오호라 檀君단군의 子孫자손된 靑年諸君청년제군은 이날을 잊지 말고 크게 奮勵분려하여 国恥국치를 快雪쾌설할지어다.

끝

---

123) 1908년.
124) 한국 정부의 외교고문이었던 미국인 스티븐스(Durham W. Stevens).
125) 1910년.

제3장

『우리국사』 원본原本

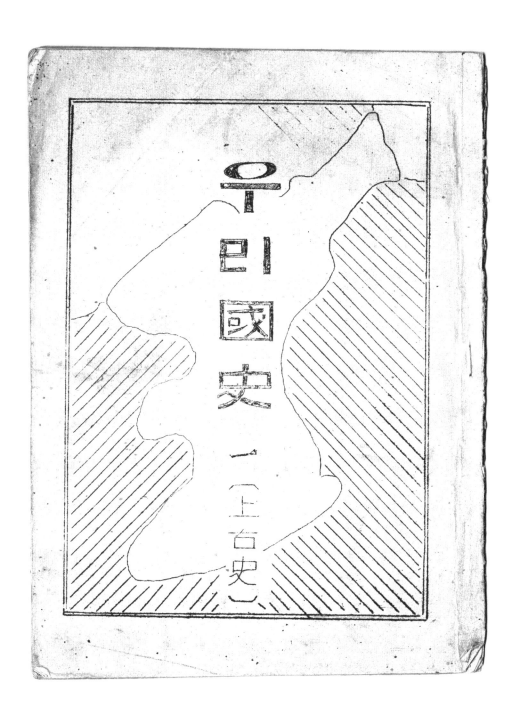

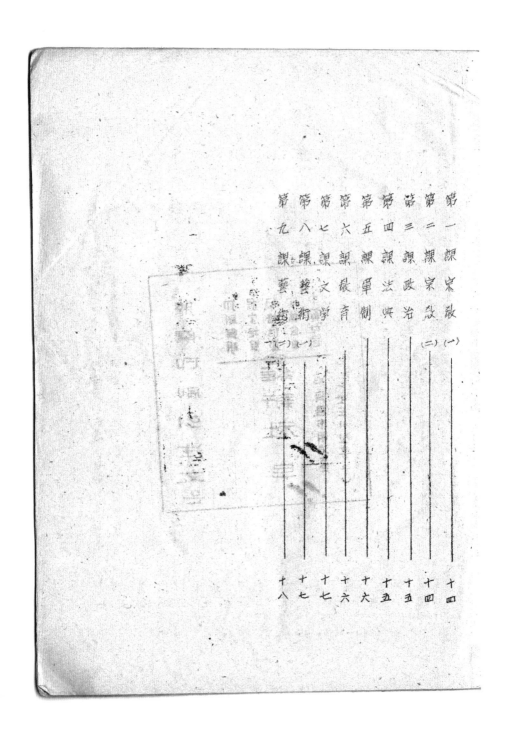

第一課　宗教　　(一)
第二課　宗敎　　(二)
第三課　政治
第四課　法典
第五課　軍制
第六課　敎育
第七課　文學
第八課　藝術　(一)
第九課　藝術　(二)

十四
十四
十五
十五
十六
十六
十七
十七
十八

大韓國史 第二編 上古

第一章 扶餘時代

第一課 檀君의 建國

距今四千四百一年(開國四千二百七十八年부터)前甲子年에 大白山(今的頭山) 檀木下에서 神人이 誕降하시니 名은 王儉이시니라· 距今四千二百七十七年前戊辰十月에 共和의 制로 推戴함을 받아 王이 되사 平壤에 都邑하시니 이가 우리國民의 始祖 곧 檀君이시니라·

第二課 檀君의 治化

太子 扶婁가 陶器를 지으며 史官神誌氏 文字를 펴며 相臣高矢가 火食을 가르치며 将軍彭吳가 오랑캐를 물니치고 山川을 通하니라· 檀君이 이에 百姓을 가르쳐 髮을 編캐하고 生活制度를 세우니 그治化의 미친 彊域이 北으로 黑龍江 부터 南으로 鳥嶺 闡을 넘으니라·

一

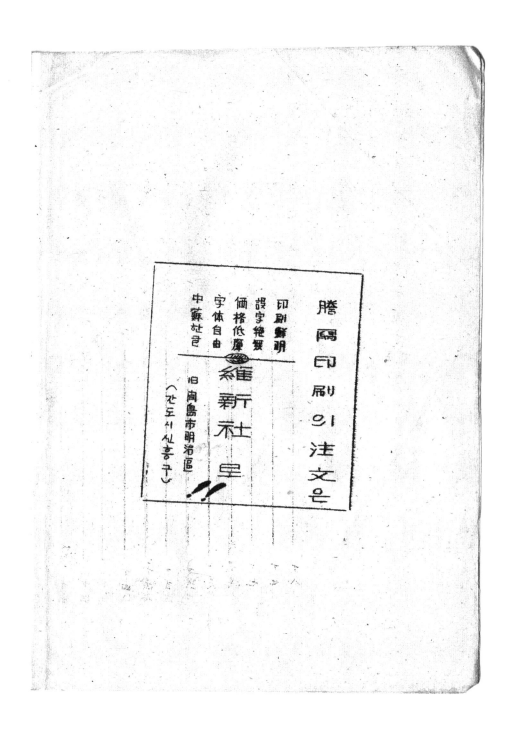

解東明은 卒本에 스사로서서 北扶餘라 稱하니 이에 扶餘가 分하야 三扶

餘가 되고 辰은 分하야 辰·弁二島 三韓이 되니라.

第二章 四國時代

第一課 東明聖帝의 建國

東明聖帝의 일홈은 朱蒙이니 北扶餘 王解 慕漱의 子타 東扶餘에서 生長하야

어릴때 부터 武藝가 甚보다 나으매 金蛙의 七子가 죽이고저 하거늘 朱蒙

이 卒本扶餘에 따라서 王이 되여 靺鞨을 驅逐하고 四郡을 恢復하니 그

대는 檀君二千二百九十六年이더라.

第二課 琉璃·大武二帝의 蒸本大王의 武功

檀君二千三百十五年에 琉璃光帝가 立하사 將軍扶芬奴의 策을 取하여 扶餘를

滅하며 鮮卑를 降하고 漢廷의 高句麗縣을 陷하며 檀君二千五百十一年에 大武

帝가 立하사 東明聖帝의 廟를 建하시며 外征에 用意하사 東扶餘·蓋馬·句茶

桑沢等國을 討降하사.

第三課 天下의 三分

檀君一千○四十八年에 其子孫이 北方으로 옮겨 都邑하거 國號를 扶餘라 하니라. 邊都한後 一百六十四年(檀君一千二百十二年)에 殷支人 箕子가 敎化하거 눈 平壤에 封하엿더니 其後孫이 점점 强大하여 西으로 永平府達水의 西南으로 漢江의 땅을 차지 하니 이는 箕氏朝鮮이오 漢江의 南에는 自支國이 잇어 스사로 國號를 辰韓이라하니 이에 天下가 三分하니라.

檀君二千二百十五年에 邊都로 四郡으로 두니라.

第四課 四郡과 扶餘三韓

檀君二千四百四十年에 箕子의 四十一世孫 箕準이 燕나라人 衛滿에게 亡하고 衛滿이 平壤을 웅거하니 이는 衛氏朝鮮이오 孫右渠에 이르러 漢支那 王武帝에게 亡하고 衛氏 凡二世에 이르러 漢이 그땅을 分하야 樂浪·玄菟·臨屯·眞蕃 의 四郡으로 두니라.

檀君二千二百七十五年에 扶餘에서 갈리어 잇어 王解夫婁는 迦葉原에 옮겨 都하고 解慕漱는 舊都에서 소사로 서서 北扶餘라 稱하고 邑하야 東扶餘라 稱하고

故國原六王때에 이르러 慨의子釗이 入寇하여 都城을 破하는지라 王이 沃

沮로 다다나더니 百姓이 義兵을 이르켜 鮮卑를 破하매 王이 還都하니라.

第六課 四王家의 分峙

高句麗가 毋丘儉과 慕容皝의 亂을 지나매 國勢이 弱하고 政治가 衰한지라

이에 南方에서 三王家가 興하니 一은 新羅 一은 百濟 一은 駕洛이라

百濟는 檀君二千三百十六年에 東明聖帝의 次子 溫祚가 刱建한바요 新羅는 東

明聖帝二十一年에 朴赫居世가 刱建한바요 駕洛은 大武神大王二十五年에 耶禮

君二千三百七十五年에 金首露가 刱建한바라.

이 三王家가 高句麗의 北方에 있어 많은 傍近 部落을 並呑하

여 強大하니라.

第七課 麗濟交惡의 始

百濟 近肖古王이 武略을 大振하야 東으로 新羅를 逼하야 居柒城을 還하고

西으로 晉柳蒼 저가 遼西·晉平二郡 直親省 宋北部 및 非東浙者 東部을 取하고 北으로

慕本大王은 漢의 北平 漁陽 上谷 省 今直隷 · 太原 西省 을 伐하니 아는 高句麗

의 全盛時代이니라。

第三課 弑王의 禍

次大王 遂成이 鮮卑와 漢을 累次쳐서 이기고 驕慢하여 人民을 累虐하거늘

檀君二千四百九十八年에 椽那大仙·明臨答夫가 民兵을 이르켜 次大王을 죽이

고 新大王 伯固를 세워 그苛政을 더니라。

第四課 毌丘儉의 亂

東川王 때에 魏支將 毌丘儉이 入寇하거늘 王이 싸홈에 敗하여 北沃沮로 다

다나더니 義士細由水 거긋 魏陣에 항복하여 그先鋒을 죽이고 將軍密友가

그뒤를 따마 魏兵을 大破하매 王이 이에 還都하야 平壤에 移하시니 때는

檀君二千五百八十年이더라。

第五課 慕容皝의 亂

烽山大王때에 鮮卑 慕容皝가 叛하거늘 大兄 高奴子를 보내여 討逐하더니

四

가 百濟와 和하야、新羅를 侵노하거늘 王이 倭를 크게 破하여 新羅를 구원하고 그後에 倭가 또 帶方을 入寇하거늘 王이 五萬兵을 보내여 倭를 滅하고 언은바 鎧甲이 一万餘오 軍資械는 可히 다 헤아릴수 업더라。

또 鮮卑와 交戰하여 三年만에 마침내 大捷하여 鮮卑軍士數十万을 도륙하고 遼地를 專혀 占有하니 鮮卑慕容氏가 따의여 義士하더라

이에 王의 玟德이 皇天에 合하고 威武가 四海에 덥이니、뭇나라가 다 稱臣하고 朝貢하더라。

第十課 廣開土王의 偃武

王이 用兵한지 十八年에 敵兵을 죽인것이 百餘万이요 土地를 어든것이 萬餘里러라。王이 곳 乘勝한듯으로서 支那를 征服코저 하더나 마참 高句麗의 遺族 高雲이 支那北方을 차지하여 北燕皇帝라하고 使를 遣하여 報하거늘 王이 同族의 義를 生覺하여 드디여 和親하니 武功이 이에 끗이나라。

高句麗朝城을 엄습하여 故國原大王을 죽이니 이것이 麗濟交惡의 始가 되니

時는 檀君二千七百○三年이더라。

第八課 故國壞大王의 功績과 新羅의 始祖

故國壞大王은 그 아버지 小獸林大王의 威治를 繼述하여 그 元年에 大兵을 거

나리고 鮮卑慕容垂를 쳐서 遼東을 恢復하고 또 新羅와 鹽落을 連和하며

百済를 帝制하더라。

이때 新羅金奈勿尼今이 서서 麗済의 交争하는 일을 타서 政治를 講하고

國民을 가르쳐 國勢가 날노 强하더라

第九課 廣開土大王의 功德

檀君二千七百二十四年에 蓋世英主 廣開土大王이 卽位하시니 高句麗님금 中에

土地를 가장 넓이 開拓하였더라

王이 어릴때부터 故國壞大王을 따라 軍旅의 일을 닉히고 少年에

太子로 將帥가 되여 累次 敵兵을 破하더니 및 卽位하매 곳 百済名将 真

收二

萬을 大破하니라.

第十三課 百濟와 倭人

百濟는 北으로 高句麗와 싸호고 東으로는 新羅와 다토매 倭兵을 恒常 불너 戰代에 使用하고 古爾王대(一六八)에 博士 王仁을 보내여 千字文을 가르치며 伊呂波(倭의 國文)을 지여주고 그남아 制度와 藝術은 말이 가르치니 이에 倭人이 우리의 文化를 힘입어 적이 末開를 免하니라.

第十四課 麗隋의 初戰

三國의 交爭이 바아흐로 甚한 中에 北方에 한 强敵이 이러나니 이는 곳 支那의 隋나라이더라 隋文帝楊堅은 本來 鮮卑의 別部사람으로 周支主의 禪을 받고 支那南方이 陳氏를 滅하여 國勢가 甚히 强하거늘 高句麗 嬰楊大王이 그 外患이 될가 念慮하며 먼저 隋를 치더니 隋이 도뒤여 그將師 楊諒을 보내여 水陸兵 三十萬을 거나리고 入寇하는지라.

檀君 二千九百三十一年에 大将 乙支文德이 臨楡關(今山海關)에서 크게 破하니 歷

第十一課　民爵大王과　遠交近攻

廣大土王이　崩하매　羅濟水다　高句麗를　侵하거늘　頻立하거늘　長壽大王이　어레

（來、魏）吏와　和親을　닦써　北顧의　憂를　덜매하고，專혀　南方으로　經當바이나

때라하다　大卜三年에　마참　百濟를　쳐서　蓋國王을　죽이고　漢山에（南平壤을

두나라。

第十二課　三國의　仇隙益深

蓋國王에　高句麗에　敗하여　죽으매　그아들　文周王이　新羅의　救援으로　復國

하고　두나라水　聯盟하水　高句麗를　막더니　新羅眞興王이　背約하고　百濟와

싸워　聖王을　죽이나　（二八七）이에　麗羅濟三國이　서로　離國이　되여　戰하

아　빛날이　없으되　三國中에　第一적은　新羅는　法興王이　駕洛을　倂하고　（二，아）

（효）그後에　聖君이　나서　점々强盛하며　百濟도　東城王대에　涉法名같

은　名將이　나서　檀君二千四百二十一年에　海를　越하여　入寇하는　强支兵二十

國勢가 날로 强盛하여 高句麗京都壞 今平에는 戶數가 二十一萬五百八戶오 百濟京

郷扶餘에는 戶數가 十五万二千三百戶더라。 또 英雄이 輩出하여 百濟에는 武

王은 英雄이 잇고 新羅에는 金庾臣 같은 賢相이 잇고 高句麗에는 泉蓋

蘇文같은 梟雄이 잇더라。

第十七課 武王

百濟聖王이 新羅에게 敗하여 죽은後에 國勢가 危殆한지라。威德王이 饒爐를

收拾하며 舊業을 保全하더니 惠王·法王을 지나 武王이 나니 甚히 英傑하

여 沙乞·乙忠·成忠·階伯等 名將을 써서 新羅를 親히 처서 여러번 익이

니 國勢가 다시 强하더라。

第十八課 金庾臣

百濟武王이 前代의 恥를 씻고저 하여 新羅를 侵하고 高句麗도 聯結을 믿고

新羅를 凌蔑하더니 이때에 千古奇傑 金庾臣이 난지라 이를 懷하여 年

이 十七에 中岳 堀에 들어가 나라를 爲하야 祈禱하고 文武의 道를 講究하

十一

史上에 얻은바 臨楡關戰爭이니라.

第 十 五 課 麗隋의 再戰

檀君二千九百四十五年에 楊堅의 아들 楊帝廣이 前恥를 씻고자 하며 親이

入寇할새 宇文述은 陸軍 与萬軍을 거나리고 來護兒는 水軍 數十萬을 거나리

고 곳 平壤을 犯하거늘 乙支文德이 偏將으로 하여금 平壤 羅郭寺에 伏兵

하여 東護兒를 破하고 自己는 거즛 宇文述에게 항복하거 그 虛實을 錄어 一

고 도타와서 平壤을 固守하다가 陸軍의 糧食이 다하여 도라감을 보고 文

德이 精兵 數千으로써 薩水今淸江에서 크게 破하니 陸軍 二百餘萬名에 살아

도타간者 겨우 千餘名뿐이더라. 이는 우리나라上古에 第一大戰이니 歷史上에

이른바 薩水戰爭이나라.

第 十 六 課 三國英雄의 革弑

薩水戰爭의 뒤로 高句麗는 臨楡以東으로 漢江以北을 차지하고 百濟는 馬韓

故地를 차지하고 新羅는 辰弁韓故地를 차지 하고 서로 覇權을 다토는데

破하니 世民이 軍騎로 다타나가가 눈이 流矢에 맞어서 도라가 죽으니라.

第二十一課 新羅와 日本

南鮮 次々 雄대부터 倭人이 자조 入寇하여 서로 怨수 가되고. 倭승은 本末

蠻族인故로 沿解尼師今대에 將軍 石于老는 倭王으로 塩奴를 삼고 그 王妃

로 鼎婢를 삼고저 하였으며 訖祇麻立干대에 朴堤上은 鷄林의 犬豕가 될지

언정 倭의 臣下는 안이 >되겠다하고 檀君二千六百十七年에 儒理尼師今은 大

一의 明石浦를 처서 降伏받고 檀君二千九百九十五年頃에 太宗武烈王이 크게

大阪을 치니 倭主가 降伏하여 白馬의 血을 마시고 다시 叛치 안기로 맹

서하더라.

第二十二課 麗濟의 亡

新羅太宗이 百濟의 後援이 되는 倭人을 처서降服받은後에 곳 唐寇와 合하

여 百濟를 치더니 百濟 義慈王이 昏愚하여 賢相 成忠과 直臣 興首를

쓰지 안코 敗亡한지라. (二九三). 이에 羅唐兵이 또 高句麗를 치니 마

十三

여 마참내 麗濟를 取하니라.

第十九課 泉蓋蘇文

泉蓋蘇文은 高句麗東部大人의 아들이라。少年에 各國을 併合홀 生覺이

있어 支那에 遊覽하여 地理와 人心을 視察하고 敵國을 父位를

繼하고 奇計로 各部大人을 죽이고 스사로 莫離支가 되며 몬저

新羅에 用兵하더라。

第二十課 麗唐戰爭

新羅가 唐支那으로 더부터 同盟하여 高句麗를 꾀하니 이때 唐主 李世

民이 支那를 統一하고 安廠과 印度를 征服하고 使臣을 보내여

高句麗를 降服하라 하기를 蘇文이 그 使臣을 窟室에 水가두었더니 檀君

二千九百七十八年에 李世民이 大兵三十萬으로 安市城을 犯하거늘 城主

楊萬春이 겨우 數百名되는 軍士를 다리고 數日을 血戰하여 城을 保하

더니 蘇文이 바야흐로 新羅를 치다가 急히 回軍하여 唐兵을 치서 크게

許氏가 印度로 부터 駕洛에 傳하고 道敎는 泉蓋蘇文이 唐에서 求하여오니

儒佛 二敎는 麗濟羅三國이 다 崇拜하니라.

第三課 政治

檀君때에 行政区域은 三千団部에 分하고 三扶餘와 麗濟二國에서는 東西南北中

五部를 세워 或은 大仙을 두고 或은 大人을 두어 그地方을 다스리고 帝

王은 統治의 主權이 있으니 高句麗의 泉蓋蘇文아 五部를 統一하야 그權利

를 獨히 가지 하며 新羅는 六部를 세우고 李、崔、孫、鄭、裵、薛 六姓으

로 部의 大人을 任하고 朴、昔、金 三姓은 聖骨이라 하야 王位를 서로

傳授하니 世界에 初有한 貴賤政治와 共和國이니라. 그後 金奔勿尼師今때에와서

드디어 朴、昔 兩姓을 廢하고 金氏만 王하더니 惠恭王때 부터 纂弑가 相

承하야 마참내 国이 亡하니 이는 太祖 金春秋가 異族의 唐冠을 引하야 同

族의 麗濟를 쳐서 滅한 禍害라 할지니라.

第四課 法典

十五

참 泉蓋蘇文이 죽고 그 아들 男生、男建이 權勢를 다토다가 男生이 十五万 大兵으로 叛하여 唐城에게 항복하여 敵兵의 前導가 되어 高句麗를 亡하니

다 (三○○一)

第三章 上古의 文化

第一課 宗敎 (一)

檀君때부터 固有의 宗敎가 있어 江華에 祭天壇을 싸코 扶餘는 臘月에 天에 祭하고 高句麗는 해마다 十月에 祭天會를 하여 称하되 寒盟이라 하고 百濟는 해마다 四仲의 月에 天에 祭하고 新羅는 해마다 正月에 天祭하니라.

또 八関法은 高句麗僧 惠亮이 처음으로 新羅에 傳한것이니 이는 我国에 固有한 敎法이니라.

第二課 宗敎 (二)

이 祭天敎의 外에 儒・佛・道 三敎가 있으니 儒敎는 支那사람 箕子가 와서 傳하고・佛敎는 浮屠順道가 支那로 부터 高句麗에 傳하고 金首露의 皇后

로 하여금 射剌와 歌舞를 침쓰게하며 山谷에 探儉을 익히게하니 韓는 風月

徒라하며 國仙香徒라하고 香徒가 戰陣에 依 敗하여 降伏하거나 다타나면 이

를 香徒에 割名하여 人類로 待遇치 안는 故로 香徒들은 다 戰爭에 勇敢하

여 戰場에서 죽음을 榮華로 녀기더라.

新羅에는 眞興王이 처음 花郎곳 風月主를 세워 孝悌와 忠信을 힘쓰게 하
니라.

第七課 文學

檀君때에 神誌仙人은 地理의 詩를 지였으니 古初에 文字가 있음을 可히

알것이오 漢文은 衛滿以後로 有하였으며 麗濟羅三國때에는 漢文学이 크게

盛하야 琉璃大王과 定禪師라 乙支文德은 다 漢文과 漢詩에 長하고 李文眞

高興과 居柒夫는 다 歷史를 著述하였고 强首는 外交文字에 長하니라.

第八課 美術(一)

檀君은 禮裙이 비로소 宮室과 城郭의 制를 세우니 지금 國中에 石盖屋이

十七

檀君以後로 治制가 簡略하며 모든 政事를 다만 習慣으로 法定하고 箕子가

朝鮮으로 治함에도 敎令이 八條에 지나지 못하고 扶餘는 刑法이 甚히 嚴

하며 高句麗는 故國川大王이 비로소 賢相 乙巴素로 하여금 法典을 編纂하

고 小獸林大王이 人民에게 領布 하며 新羅는 法興王이 비로소 法典을 人

民에게 펴나라.

第五課 軍制

扶餘는 집집에 鎧伏이 있어 戰時면 五加官名가 거느리고 싸호며 高句麗는

莫離支가 全國兵馬를 總轄하고 百濟는 兵馬佐平이 全國兵馬를 總轄하고 新

羅는 大角干이 全國兵馬를 總轄하며 各郡에 兵官을 두어 兵馬를 操練하고.

人民도 農隙에 騎射를 익혀 危急한대면 다 軍士됨을 얻으니라.

第六課 敎育

檀君以來로 大仙 人의 神誌仙 等을 두어 五戒 로써 人民을 가릇이니 五戒는 곳 事

君以忠과 事父以孝와 交友有信과 臨戰無退와 殺傷有擇이오 또大仙이 그弟子

十六

美術 新羅의 金生은 名筆이오 率居는 名画다 率居가 일즉 皇龍寺의 壁上에 老松을 画하였더니 烏雀이 산老松으로 알고 날아오다가 壁에 마주 처서 떠라지니라.

皇龍寺의 丈六佛像은 三万五千七斤의 銅과 百二兩의 鍍金으로 지은것이오 또 九層塔과 萬佛山이 著名한 者이러라.

第一編 上古史 끝.

第二編 (中古史)
内 案

十九

近日出版

꽃 그때 宮室의 遺制며 平壤의 玉櫃城은 檀君의 都城이오 江華에 三郎城

은 檀君의 아들 三人이 쌓은 배어라.

三国대에는 꽃城으로써 守国의 要臥하여 쌓은者가 많으니 高句麗의 國內城

安市城·建安城과 百済의 慰禮城과 新羅의 半月城이 가장 有名한者이오 高

句麗의 榮留大王은 支那와 鮮卑를 防禦코저하여 夫餘柵城을 쌓으니 長여

数千里따 十六年만에 畢하더 저금 柵国(이 盛京의 柳條邊이) 그 遺墟이오

高句麗의 平壤水晶宮은 宮墻을 水晶으로써 節하고 新羅의 皇龍寺는 高木

二百二十五尺이오 瞻星台는 石을 鍊하야 築하며 南가 十九尺 이러라.

第九課 築 物 (二)

製造 夫妻가 阿密들 그로 後세 湾涼하며 三国대에 이르러는 더

욱 美巧하며 高麗 高句麗磁器가 天下에 有名하고 또 三国의 弓矢製造本

巧함으로 唐主가 新羅弓工 仇珍川을 聘하여 그 造를 배우고저 하다가 맛참

能치 못하였다.

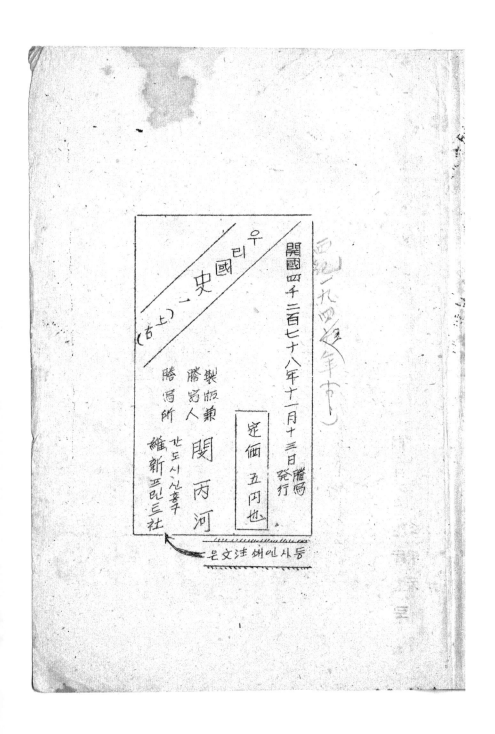

우리
國國티
(古上) 一史

開國四千二百七十八年十一月十三日騰寫發行

(西紀一九四五年市)

定價 五円也

製版兼 騰寫人 閔丙河

騰寫所 간도시신흥구 維新프린트社

은 文注 에인사등

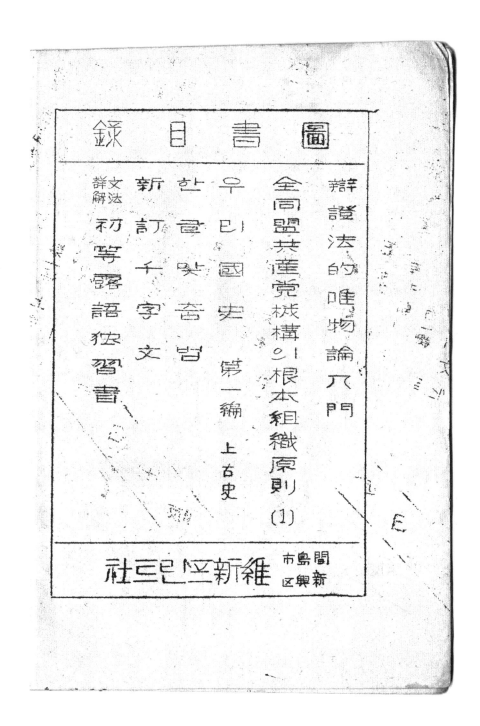

圖書目錄

辯證法的唯物論入門

全同盟共產黨機構의根本組織原則 (1)

우리國史 第一編 上古史

한글맞춤법

新訂千字文

文法
辭解 初等露語獨習書

維新쁘린트社　新興間島市區

本书 成 徽

1948年昭于延吉

謄寫法文로

維新社 로

우리國史(二)(中古史)

우리國史 二 (中古史)

目次

第一章 南北朝의 時代

第二編 中古史

第一章 南北朝의 時代

第一課 麗濟의 滅亡

高句麗와 百濟가 唇이 된하며 한세 高句麗에는 大兄 釗年숲이 漢城에서 義兵이 □에서 이러나 疆土는 坂復코저

外探 □勝을 세우나 百濟에는 義慈王의 아들 豊이 □□ 福信으로 더부러 唐의 長官을 죽이고 故土의

精兵하여 周留城今은 을 운거 하더니 羅唐兵이 또 合하며 치매 豊은 다

다나고 □勝은 新羅에 항복하니라.

第二課 新羅의 擊退唐兵

新羅 文武王 法敏의 春秋이 金庾信의 政策을 써서 百濟의 땅을 치니 東하고

安勝으로 高句麗王을 삼아 金馬渚에 두고 그 人民을 招安하니 唐主 李治

民 대子가 므게 怒하여 李謹行 薛仁貴等으로 總官을 삼아 二十萬大軍으로

一

第五課 新羅의 文弱

新羅 神文王은 富强의 業을 承하야 國學을 세우고 文治를 힘쓰더니 聖德王

景德王때엔 武備가 大弛하여 斯斯 文弱에 빠지고 그러나 累代太平의 뒤를

이어 人民들이 오래 戰爭을 밉어하야 이애 景德에 戸数가 十七萬八千九百三十六

戸요 惠恭王에 어루만 蠢蠢의 禍가 始하며 國勢가 마참내 衰亂하니라

第六課 宣太王의 功德

武太王이 崩한 뒤에 文太王으로 國勢는 자못 振치 못하더니 檀君三千四百五十年에 宣太王仁秀가 서서 境宇를

크게 開拓하니 그 疆域이 東은 海에 窮하고 西는 遼河에 이르고 北은

黑龍江서 二千餘里를 지났나 東西가 約六千餘里요 南北이 約四千餘里더라

第七課 新羅의 革命戰爭

惠恭王을 죽이고 自立한 宣德王이 崩한때 群臣이 聖族周元을 세로코져 하다

가 元聖王이 몬저 登極한 故로 周元의 아들 憲昌이 이를 恨하여 憲德王때

三

新羅將軍 文訓이 買肖城(今楊州)에서 크게 破하고 檀君三千九年에 入寇하거늘

沙飡施得이 曹國賊 薛仁貴로 더부러 二十餘戰에 다 勝捷하고 四千餘級을

버히니 일로 부터 唐兵이 敢히 犯치 못하니라。

第三課 大祚榮의 興復、

高句麗가 亡한뒤에 將軍大仲象이 義兵을 이르켜 싸호다가 그아들 祚榮으

로 더부러 餘衆을 거나리고 太白山 東北 比羽에게 가서 依하여 獨立을

謀復하더니 仲象이 死하매 祚榮이 唐兵을 天門嶺에서 크게 破하고 東牟山

附近을 웅거하여 渤海國을 세우니 때는 檀君三千三十年이더라。

第四課 武大王의 外征

高祖祚榮이 崩하고 아들 武芸가 서니 곳 武大王이라 北으로 黑水靺鞨을

征服하고。檀君三千六十五年에 將軍張文休를 보내여 唐의 登州(今山東省)를 처서

그 刺史 韋俊을 죽이고 翌年에 唐이 新羅와 合하여 「크게 入寇하거늘 大

雪을 秉하여 擊破하니라。

王을 삼기믈 弓裔가 敗하여 다라나다가 斧壤(今平에서 죽으니 泰封國이 二

十八年만에 亡하니라。

第十課 南北朝의 亡

渤海는 哀大王 諲譔이 서매 北方에 잇는 臣服하든 契丹이 興起하여 檀君

三千二百五十九年에 其主耶律阿保機가 入寇하여 京都를 陷하니 渤海가 建

國한지 二百二十八年에 亡하니라。

新羅는 景哀王이 後百洛王甄萱에게 殺한바 되고 敬順王 金傳가 立하더니 檀

君三千二百六十七年에 國을 擧하여 高麗에 降하니 新羅가 建國한지 九百九

十二年만에 亡한지라。

第十一課 渤海의 義兵

渤海가 亡한 그해에 鐵州刺史 衛均等이 義兵을 이르켜 祖國을 謀復하다가

敗하고 그翌年에 哀大王의 弟를 立하고 契丹과 싸오다가 또敗하더니 그人

民의 独立한마음이 百餘年동안을 쉬지 아니하여 高麗顯宗때에 大延琳은

〈○二三五〉에 이르러 熊川을 웅거하야 民望國을 세우고 新羅를 抗하더라 水軍

며 국으니 아은 우리 東方에 처음되는 革命戰爭이오

그後에 眞聖女主가 失政이 多하며 人民이 크게 離苦하여 四方에서 董

命氣이 이러나니 그中에 가장 有力한者는 恭封王弓裔와 後百濟王 甄萱이

더라

第八課　恭封과 後百濟의 爭雄

恭封王弓裔가 鐵圓(今鐵)原에 都를 세우고 그特王達을 用하여 廣州·尙州等五

十餘邑을 取하여 水路로 羅州等十邑을 쳐서 取하고 湏西에 十三領을 두니

그疆土가 全國三分의二를 차지한지라·이때에 後百濟甄萱이 또한 兵을 出하

여 東北으로 당을 界하니 이에 恭封와 後百濟가 서로 雌雄을 다토더라·

第九課　恭封의 亡과 高麗의 興

恭封王弓裔가 佛敎로써 國을 다스릴새 스사로 彌勒佛이라 稱하고 佛経二十

餘卷을 지으니 人心이 크게 離散하는지라 이에 諸將이 王達을 推戴하야

하나 象徵호때이 크게 改正 되니랑

第三課 軍制

渤海는 市府에 十衛를 두어 全國兵馬를 하지하고 그軍政은 帝의下에 智部

啣이 잇어 總理하며 人民은 다 武를 尙習하니 그智謀와 膽勇이 各國에

冠絕으로 各國사람이 말하기를 渤海三人이 一虎를 當한다 하더랑.

新羅는 그國制가 前代와 無異하다 文弱에 昭沈以來로 兵力이 衰退하니랑.

第四課 敎育

渤海는 中央에 胄子監이 잇어 敎育을 하더라나 그學科는 讀書와 뱃騎射

新羅는 神文王이 大學을 세우고 博士를 두더니 그後내 大學에 文學漢文·

算學算術·化敍·天文學의 各科를 두고 各科에 博士와 助

敎를 두어 學年을 가르니 修業期限은 九年이더랑.

渤海는 同文學士가 漢文이 圓精하고 文大王때에 漢學을 크게 榮尙하여 喪文

興遼國을 세우고 高麗睿宗때에 高永昌은 大元國을 세우고, 屢次 高麗를

向하야 援兵을 請하되 應치 아니함으로 곳 敗亡하니라.

第二章 中古의 文化

第一課 宗敎

渤海는 釋迦하는 法이 高句麗를 略同하고、또 儒敎・佛敎도 있엇스며 新羅는

固有의 宗敎가 매우 衰微하며 風月主는 勢力이 없으며 八關會는 虛式만

...며 儒敎와 佛敎는 크게 盛하며 儒學者에 薛聰・崔致遠・玉臣仁의 等이

있고 高僧에 順應・元曉・義相・道詵의 等이 있엇나니라.

第二課 政治

渤海는 今國을 五京・十五府로 分하고 十六二州로 分나水 府에는

節度使를 두고 ...에는 刺史를 두고 中央政府에는 政堂省과 左六訊・右六都

新羅는 神文王이 五小京과 九州를 두고 官制는 南北朝以前의 時代와 略同

六

三國이 비로소 統一되니라.

神釰이 그 王位를 拏하거늘 太祖가 九萬兵으로써 後百濟를 치니 神釰은 항

북하고 (九三六) 萱은 憤懣하여 죽은지라, 이에 太祖가 後百濟를 併하니

第二課 渤海舊彊의 謀復

太祖가 三國을 써 統一하엿으나 渤海의 舊彊이 他族 契丹에게 敗함을 憤

히 여겨 恢復을 도모할새 이때에 契丹이 使臣을 보내여 槖駝를 貢하거늘

契丹은 나의 讎國이라하여 그 使臣三十人은 海島에 流하고 槖駝는 萬夫橋아

래에 棄하여 죽이고 後晉支主 石敬瑭에게 使를 보내여 말하되 契丹이 나

의 同族 渤海를 滅한故로 내가 契丹을 쳐서 取코저 한즉 助力하라 하더니

왓갑다 太祖가 崩하여 꿎이고 마니라.

第三課 成宗의 隆治

太祖가 崩한뒤네 惠宗이 그뜻을 繼述하여 契丹을 치고저 하다가 王規의

叛亂으로 因하여 꿎이고 定宗·光宗·景宗을 디나 成宗에 이르러 官制를

鳥瑙度의 有名한 学者가 이고

新羅는 神文王때 부터 文学이 더욱 蒸奥하여 薛聰은 吏讀을 지엇고 또

文에 能하며 著書에는 金大問의 花郎世記 및 高僧傳 며 崔文遠의 桂苑筆

耕等이 가장 有名하고 崔致遠은 또 詩에 能하니라.

第文課 藝術

渤海는 建築術과 陶磁工 및 瑪瑙工이 有名하고 画師에는 大簡之가 第一이

오 新羅는 그 工藝術의 巧妙함이 三国時代를 凌駕하니 皇龍寺鐘은 重이

四十九万七千五百八十一斤이오 奉德寺鐘은 重이 十二万斤이오 萬波息笛은

玉으로 만든 것이오 筆家에 金生과 音楽家에 玉寶高等이 또 有名하니라.

第三章 高麗時代

第一課 高麗의 統一

檀君三千二百五十一年에 太祖王建이 泰封을 代하며 高句麗를 세우고 新羅敬

順王의 来降을 받으매 남은 対敵은 오직 後百済王 甄萱이와 甄萱의 아들

八

萬兵을 거느리고 興化鎭(今義州)에서 크게 破하니 丹兵의 生還한者가 겨우 數

千人이라. 邦賀이 凱旋하매 帝가 親히 迎接하여 그頭上에 金花八枝를 꽂으

나타.

第六課 顯宗의 威德

顯宗이 强寇契丹을 크게 被하매 天下가 安寧하고 國威가 大振하여 東西女眞

의 酋長은 臣下되기를 願하며 北方에 鐵利·黑水·拂涅等國과 西方에 大食

國比亞이 方物을 드리나 이때는 高麗의 가장 全盛한 時代러라.

第七課 文治의 隆盛

顯宗이 崩하고 德宗·靖宗을 지나 文宗에 이르매 崔冲·鄭倍傑의等을 用하

여 學校를 크게 興하니 崔冲은 世上이 海東孔子라 일크므 文學은 이같

이 極盛하였으나 武備가 漸漸弛하여 國勢의 衰弱이 此에 始하니라.

이때에 宋支·日本·契丹等 諸國이 使를 보내여 入貢하거늘 損賓·迎賓等館

을 設하여 항상 宴을 賜하니라.

十七

改正하며 孝悌를 獎勵하며 賢能을 擧하고 文學을 힘쓰니 이에 文物이 크게

進興하나라.

第四課 契丹의 入寇

檀君三千三百二十六年에 契丹將 蕭遜寧이 八十万兵으로써 西鄙를 入寇하여

徐熙를 勸促해매 咸宗매 群臣에 두려워하여 割地하여 和親을 請코저 하거

늘 侍中徐熙가 홀로 抗議하여 가로되 割地는 萬世의 羞恥라하고 照水꼿

丹營에 까서 寸舌로써 丹兵을 물너치고 그後에 契丹이 康兆의 弑君한

罪를 問한대 称하고 四十萬大兵으로써 入寇하여 京城을 犯하거늘 楊規

와 金叔興의 等이 크게 破하니 丹兵이 敗하여 마아나니라.

第五課 姜邯贊의 偉勳

契丹主가 敗하여 도타간後에 크게 憤하여 使臣을 보내여 六城을 連索하

거늘 頓宗이 첫하여 그使臣을 捉囚하였더니 檀君三千三百五十年에 契丹이

그 大将 蕭遜寧을 보내여 十萬兵으로써 入寇하거늘 上元帥 姜邯贊이 二十

第十課 鄭仲夫의 亂

仁宗의 아들 毅崇이 立하여 文臣

普賢院에서 文臣韓頼等이 武臣을 侮辱하거늘 鄭仲夫의 等이 크게 怒하여 이에

兵을 舉하여 무릇 文官을 쓴 者는 비록 胥吏라도 다 죽이며 또 毅崇을 廢하

고 明宗을 세운後에 스사로 執政하며 專橫하다가 慶大升에게 죽은바 되니라.

第十一課 崔氏의 專權

鄭仲夫가 죽은後에 李義旼의 四父子가 또 專恣하며 無道가 甚하거늘 將軍

崔忠獻이 義旼의 等을 誅하고 忠獻의 아들 瑀, 손자 沆, 曾孫 蛆에 至하기

까지 四世를 執政하며 皇室을 廢立을 恣行하니 왼로 부터 国勢가 크게

哀退하니라.

第十二課 蒙古의 初寇

蒙古는 激滿의 번에 形制甚狹하여 오래 慴伏하엿다가 高宗의 때에 이르러 비

로소 强大하여 압록 契丹이 高麗를 侵犯하매 蒙主 窩濶台가 그將 哈真을

十三

第八課 九城의 役

睿宗二十四(西三五二九年)에 東女眞의 完顔部長 烏雅束이 邊城을 犯하니

烏雅束은 高麗僧 金俊의 八世孫이라. 金俊이 일즉 東女眞에 드러가 完顔部

長에 到했더니 그子孫이 漸々 强盛하여 高麗를 叛코

睿宗이 이에, 元帥 尹瓘의 等을 보내어 十七萬兵으로써 東女眞을 처서 멸

하고 (三四○) 定界碑를 先春嶺 今松花江에在함 에 세우고 九城을 쌓으니라.

第九課 權臣의 跋扈

睿宗이 崩하매 李資謙이 仁宗을 세우고 軍國事를 專管하니 資謙은 仁

宗의 外祖라 執政한後로 甚히 無道하거늘 帝 拓俊京으로 하여금 資謙을

討하여 流刑에 處하더니 俊京이 또 橫恣하거늘 海島에 流하니라.

窺臣 妙淸이 仁宗을 勸하여 西京에 移都하고 金國을 打할時를 圖코저 하되

帝가 듯지 아니하거늘 이는 妙淸이 西京을 웅거하여 國號를 大爲타 하

며 金富軾의 等이 처서平하니 이는 高麗에 처음 革命亂이니라.

講和條約을 結하니 이後로 蒙兵가 자못 뜸이고 元宗때에 元蒙在水國爲 元을 이以改호

忽必烈이 連魯花赤을 붙너가더라.

第十五課 王政의 復古

崔民가 專權한지 八十餘年만에, 高宗의世에 金仁俊의 等이 崔沮를 誅하매

王政이 復古되엿으나 仁俊이 또 專橫하거늘 元宗이 林衍으로 하여곰 誅하

고 行하니 惟茂가 이어 執政하며 旧京에 復都함을 反對하니 帶가 誅하

洪系文의 等으로 하여금 惟茂를 斬하고 旧京에 도라오니 百餘年에 므하든

權臣의 跋扈가 비로소 없어진지라.

第十六課 國勢의 復興

元主 忽必烈이 和約을 기리 鞏固히 하며 그皇女를 元宗의 太子 景孝帝

名은 에게 嫁하매 일로부터 紛爭은 中止되엿으나 그勢力이 我國에 뻗어 張

하엿고 또 賣國賊 趙暉는 和州與今以北으로 元에 附하고 崔坦은 西京舍亭以

北으로 又 元에 附하나 忠孝帝 璋名은・懿孝帝 燾名은・獻孝帝 禛名은・顯孝帝 昕名은 毉旨

十五

보내어 助戰하고 因하여 國交를 結하고 使臣이 자조 來往하더니 그뒤 ○

古興를 高麗가 죽엿다하며 크게 入寇하거늘 朴犀·金慶孫의 等이 迎擊하야

破하니 이에 蒙兵이 물너가니라.

第十三課 蒙古의 再寇

蒙兵이 물너간 後에 崔瑀가 蒙古를 抗하기 爲하야 高宗을 勸하야 江華에

遷都하고 蒙兵으로 水戰에 不能한 故로 하니 이대 皇都에 戶數가 十三萬戶오 人口가 百萬以上이며

크게 擧兵하며 處仁城(今 龍仁郡)에 이르러 僧將 金允候에게 죽으나 蒙兵이 大敗

江華에 遷都하고 또 蒙古의 達魯花赤 七十二人을 斬殺하니 蒙將 撒禮塔이

達하고 全碧에 相望하니라.

第十四課 蒙古의 講和

이대 蒙古主 成吉思汗이 亞細亞 및 歐羅巴의 列國을 거의 다 攻取하고 저

게 보득 高麗와 血戰한지 三十餘年이 되나 마참내 成功치 못하고 서로

寧內寺 天의 守地를 쳐서 收復하니라.

第十九課 崔都統의 征明 (一)

敬孝帝의 末年에 僧辛旽이 政權을 弄하여 國綱이 大亂하매 崔萬生等이 帝를 殺하고 太子禑를 세우거늘 이에 都統 崔瑩이 軍國事를 主張하니 堂은 雄勇忠直한 人이러라. 이때 明主 朱元璋이 선즉 我國의 絶和함을 怒하여 都督濮眞으로 하여금 三万兵을 거느리고 入寇하거늘 崔都統이 쳐서 破하니 濮眞은 殺하여 죽고 三兵은 한아도 生還한者 없더라.

第二十課 崔都統의 征明 (二)

濮眞이 敗死한後에 明이 鐵嶺今江原道 以北을 取코저 하거늘 崔都統이 크게 怒하며 帝를 勸하여 明을 치고저 할새 李成桂가 그不可함을 力唱하는지라. 바참내 李成桂·曹敏修로 左右軍使를 삼아 五萬兵을 거느리고 明을 征하더니 成桂가 威化島鴨綠에 이르러 諸將과 議하고 곳回軍하여 崔都統을 죽이어 帝를 廢하고 太子昌를 세운後에 스사로 執政하니 嗚呼라 우리民族의

檀君三千六百八十七年에 紅頭軍 劉福通이 二十餘萬衆으로써 金都를 陷하여는 ...

城永以北을 取하니 國勢가 ... 寅하더라.

나도록 實力만 養하더니 獻孝帝가 柳仁雨의 輩을 보내여 鴨綠江以西八站과 雙

十六

第十七課 紅頭軍의 役

劉福通은 支那人으로 원 ... 을 謀作하여 起한것더라. 이에 獻孝帝가 ... 官 ...

鄭世雲과 元帥 安祐·金得培·李芳實의 等을 보내어 賊兵十餘萬을 撃殺

하고 其魁 劉關先生을 斬하니 餘賊이 도망하더라.

第十八課 舊疆의 收復

元이 我国의 斤絕함을 怨하니 雙國戰 崔濡를 連하여 ... 軍萬兵으로 隨州州 ...

를 入寇하거늘 都巡慰使 崔瑩等이 서서 크게 破하니 餘賊의 生還한者가

겨우 十七騎러라. 元이 敗한지 未幾에 中原을 明에게 失하고 北元이 되거

늘 敎孝帝가 이에 李成桂를 보내여 鴨綠江을 渡하여 元刺山城懷仁縣 파 東

第四章 中古의 文化

第一課 宗教

八關會는 歷代의 帝가 行하엿으나 佛敎, 儒敎가 크게 盛하니라 佛敎
는 太祖以來로 甚히 崇奉하여 燃燈會와 百高座를 자조 設하고 文宗의 世
붓어 皇子가 僧된 者가 많고 有名한 高僧에 大覺, 一然, 懶翁, 無學 等이 잇으
며 儒敎는 成宗代에 盛하다가 그後에 佛敎보다 衰微하더니 懿宗의 世에 白
頤正이 支那에 從하여 程朱學을 修하여 도라오니 이는곳 程朱學이 行하는
바오 有名한 學者는 崔冲, 安裕, 白頤正, 禹倬, 李穡, 鄭夢周의 等이니 그中 崔
冲 鄭夢周는 性理學 經程에 明하여 學問 道德이 當世에 冠하나바
大槪 僧徒는 尊王愛國의 風氣가 많으나 儒敎는 本國을 自卑하여 武强을 排
斥함으로 國粹가 減削되고 文弱함에 이르니라

第二課 政治

全國을 京畿밋 五道 兩界로 난호고 또 三京을 두니 京畿에는 帝가 元쒀가

十九

外征思想이 이때에 끊허지니라。

第二十一課 征倭의 役

元宗때에 金方慶이 八千兵으로써 對馬島와 壹岐島를 連克하고 三郞浦에

登陸하여 倭兵을 크게 破하고 帝昺의世에 이르러 雀都統이 鴻山大捷과

李成桂의 雲峰大捷과 鄭世의 朴頭洋大捷이 가장 有名하고 帝昺은 元帥

朴葳를 보내여 兵船百艘로 對馬島를 처서 倭寇의 巢穴을 搗하니 이로

부터 倭寇가 자못 꺽이니라。

第二十二課 高麗의 亡

李成桂 執政한後에 曹敏修를 逐하며 帝昌을 廢하고 某讓帝瑤를 세우니

天下의 政權이 다. 成桂에게 잇는지라。成桂가 皇室黨 鄭夢周를 죽이매

市가 그 威勢를 懼하여 位를 讓退하고 成桂ㅣ 登極하여 朝鮮太祖가 되

니 高麗가 建國한지 四百七十五年만에 亡하니라。

國子監이 教育을掌하여 中央에 國子學 太學 四門學을두고 博士와 助教를 分

置하여 學生을 가들이나 各學에學生이 各히 三百人이오 仁宗의世∴ 붓어 各

地方에 州縣學校를 設하니 私立學校 가운데 가장有名한者은 十二徒라 그리

나다漢文學만主하엿고 前代의 尚武 教育은 그 彼跡이 絕하니라

　　　第六課　文學

光宗대에 科擧로 取士한後로 文風이 漸興하여 文學者가 輩出하니 그中에

詩八으로 鄭知常 權近파 文八으로 李奎報가 第一有名하고 著者에는 金富軾

의 三國史와 僧一然의 三國遺事와 李奎報와 李相國集이 잇나니라

　　　第七課　藝術

建築術은 德宗의 千餘里關城과 宣宗의 十三層黃金塔이 有名하고

製造는 朴元綽의補質等 밋 二十四般兵器와 恭讓帝의 世에 鐵活字가有名하고

美術은成宗이制造한 大藏經板이 至今海印寺에잇으나 千餘年 동안에 王孫의 世에 本國紙

도 虫蝕이 업스니 그때 化學이 發達됨을 可히알겟고 献宗의 世에 本國紙

二十一

되여 萬機를 摠攬하고 帝의 下에 中書下省과 尙書省이 잇서 그 政을 摠理하

고 그次에 大部가 잇어 政務를 分掌하고 五道에는 按察使를두며 兩界에는 兵

馬使를 두며 三京에는 留守를 두니라

第三課 法典

法典은 笞杖 徒流 死의 五刑이잇고 刑律은 十二律에 分하니 總히 六十

九章이오 死刑까지다 銅으로 贖함을 어드며 皇室에 大慶이잇으면 大赦를 行

하고 民法은 立嗣 私田 밋 奴婢에 關한等 法規가 잇나니다

第四課 軍制

國民은 다 兵役의 義務가 잇서 二十에 始하며 六十에 免하고 中央에 鷹

揚 龍虎二軍이 最上에 잇고 그次에 六衛를두五 軍政은 帝의 下에 兵部 尙

書가 統理하고 皇都에 八衛치 아니하는者는 州縣軍이라 하니라

第五課 敎育

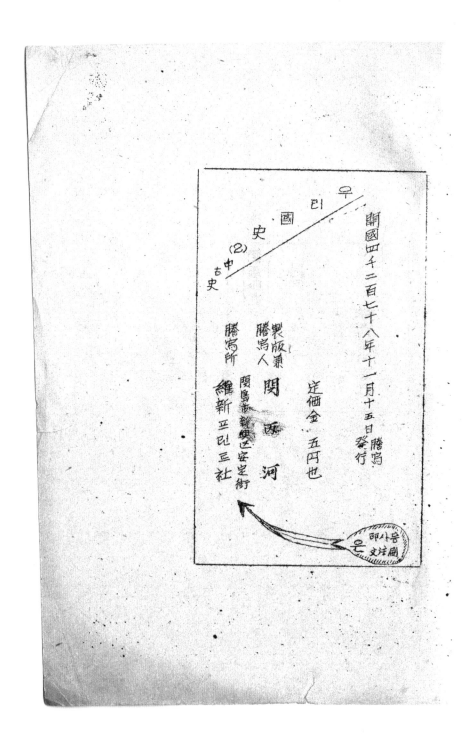

形을 象ot 銀口瓶이 有名하고 筆家에 (沈權、韓修가) 있고 畵家에 李章、李公麟이 本聲著名하나다。

二十五

間島市 신흥구 안정가
維新프린트社

우리國史 三 近古史

目次

第一章 朝鮮時代

第一課 朝鮮의 建國

檀君 三千七百二十四年에 太祖 李成桂 高麗를 代하여 朝鮮國을 세우매

高麗舊臣 李穡, 元天錫 等이 退隱하니 杜門洞·本朝에 가장 有名하니라

이때에 暹羅와 琉球는 使臣을 보내서 方物을 드리고 李之蘭은 女眞을 招撫

하여 孔州 迤北에 城을 築하며 明国과 和親하니라

第二課 隆治의 時代

高宗은 後에 가장 金盛한 時代는 世宗의 時代이니 太宗이 있어 申聞鼓를 두어 民寃을 펴게하고 図籍을 燒하여 衆惑을 없게하며 政治가 거의 整頓되더니 반듯에 이르러 學術을 興하여 史書를 獎하고 主人이 奴隸를 殺치 못하게하며 學士를 두어 鎖國을 삼으니 蕃国이 일어가를 東

方聖人이다 하더라

第十三課　海牙의　李儁

第十四課　義兵의　因果

第十五課　社會와　學校

第十六課　義士의　蜂起

第十七課　合倂의　恥辱

이 上京코저 하다가 이에 大金皇帝라 稱하고 五国城을 ...... 이 ...

더 敗하여 죽고

...... 吉世 李施愛 其弟 李施合의 ...... 京城의 ...... 敗하여 죽으니 ...... 第五課 ...士禍의 屢起 ......

...... 燕山主때에 戊午士禍와 甲子士禍가 이러나고 中宗때에 ...士禍가 이

...... 明宗에 乙巳士禍가 니러나니 이에 人材가 거의 ...... 新進 ......

...... 第六課 ...... 金十餘 ...... 我国의 人材치 ...... 아니하였더니 ...... 入寇한새 釜山을 陷하고 京城을 向하거늘 ......

第七課 壬辰倭亂이 ...... 豊臣秀吉이 明国을 伐하려 假道 ...... 稱하고 小西行長 ...... 二十萬水陸軍으로 秀吉이 ......

...... 보내여 .... 明国도 .... 兵이 有 ......

第三課 治國의 大方策

太祖는 建國할때에 그 功臣에게 西北사람이 가장 많음으로 西北사람은 大開히 말...

...座 國을 治함에 恩惠를 主하여 文을 崇하고 武를 抑하며 外를 ... 此 弱主義를 行하고 太宗은 ... 改嫁를 禁하여 ...民의 ...

...가 ... 建國의 原國이 되니라.

第四課 対馬島와 倭

太祖때에 壹岐와 対馬島를 치고 定宗도 対馬島를 치더니 檀君 二千七百三十一 年에 ... 倭寇가 支那에 向하여 ... 黄海道에 ... 檀君을 ... 世...이 新 ... 李従茂 等을 보내여 対馬島를 치어 賊船 ... 九百三十九를 ... 焚하고 首百餘級을 斬하고 二十一名을 停虜하니라 ...

第五課 世祖時에 革命亂

世祖가 王位를 謀篡할때에 端宗의 親臣 金宗瑞를 죽이니 ... 革命亂 ... 大領을 開拓하고 咸吉道節制使되엿든 李澄玉이 禍를 懼하며 革命을 擧하...

... 金東鵬里 더부...

權慄은 刻峴鐵嶺及幸州高陽郡에서 大捷하고 鄭文孚는 臨懷咸鏡에서 大捷하고 李廷馣

은 延安에서 大捷하며 倭寇가 三거夫勢하여 和約을 請하고 退去하더니 檀君

三千九百五十年에 또 入寇하며 素沙坪漆川梁淸南稷山에서 大敗하고 其魁秀吉이 죽으니 이

에 退兵한지라 이를 我國歷史에 이른바 八年戰爭및 壬辰亂이라 하나니라

第十一課 滿洲에 入寇

北方에 女眞族兵禍 疫親安羅가 興하여 蒙古 맛支那를 呑하고 國號를 淸이라하니

만즉 我國에 征歷하다 千戸萬产의 意를 흡하든者더라 仁祖가 南漢山城에 奔하였가 崔鳴吉의 蒙을

三萬兵으로써 京城를 入寇하거늘 仁祖가 南漢山城에 奔하였가 淸主弘忙時가 十

利用하여 서로 和親하니 淸冠가 退한지라

修치 아니하다가 또 淸冠의 侵入을 받았으나 이른바 丙子胡亂이니라

第十二課 黨爭의 終始

武備를 講

五

派遣함이여　明國이　請兵하여　提督李如松이　來救하니　如松의　相은　곳　咸鏡道라

涸原사람이러라

一

第八課　各道의 義兵

이때　各道에서　忠義의　士가　義旅를　興하여　倭虜를　舊擊하니　湖南에　高敬命

金千鎰과　湖西에　趙憲과　嶺南에　郭再祐와　關北에　鄭文孚와　關西에　金千瑞와

海西州李廷馣이　가장　有名하고　또僧에는　休靜의　徒　惟政밋靈圭가잇고　女

子데는　論介와　桂月香이　잇더라

第九課　李忠武의 偉勳

東西海軍界에　前無後無한　堅武公李舜臣이　마참　全羅道左水使가　되엇다가　經解

으로써　閑山島　및　露梁等地에서　倭의　水軍을　覆滅하니　이럼으로　英國海寇記에

가로되　高麗의　戰船은　鐵板으로써　包하여　龜甲과　如하며　倭의　木造兵船을　破하

엿오니　世界에最古鐵甲船은　高麗人이　創造하엿다　하더라

萬福이 ⋯十二月⋯또 倭에게 侵奪을當함에 情을 ⋯天作者⋯

銀幣를 賂辭하며 가로되 此가 我에 顧하는바 아니라한대 太守가 關白에게 告하며 다

샹 犯取치아니한다는 盟書를 取하야 가지고 도라오더니 그後에 對馬島主가 또 侵犯

하는지라 鬱陵島이크게 怒하야 鬱陵島에가서 倭을 結縛하야 犯境한 罪를 痛罵

하고 그 盟血을다 破碎하여 떠나 逐送하고 伯耆州太守를 責하니 此後로 倭가

다시 鬱陵島를 犯치못하니라

第十五課 外戚의 專權

純祖가 崩하고 그 孫 憲宗이 立하며 二年幼한지라 이에 外戚金氏 純祖의后 一族 와 外戚趙

民 憲宗의가서로 爭權하다가 맛참내 趙氏가 專權하여 國政을乱하고 憲宗이崩하고

哲宗영立하며 그皇后의族 金汶根 金佐根 金炳冀等이 執道와되며 國政을乱하더

나 哲宗이 無嗣하거늘 趙佑□后가 興宣君 昰應의子를迎하여 세우니 是이光

武帝照名이러라

明宗末年에 東西의 黨이 始하여 宣祖때에 黨論이 크게 起하고 光海때에 東人이

續하여 南北黨이 되엿더니 肅宗에이를러 西人中에또老少論이난호아 東西南北의

四色이各立하여며口舌로써 干戈를代하며 正論이 消滅되고 人才를 遺棄하니라

第十三課 黨論밋門閥이弊害

宣祖머에 倭寇의 侵害를 밧음은 李珥이姜兵論만不用함뿐아니라 金誠一 黃允吉

의 意見이 갓지 아니하고 또李舜臣 金德齡 같은名將 功臣을서로 謀害한 까닭이

오며 仁祖때에 李适이 靖社의 首功을 金自點等에게 奪한바되며 寗邊에서 革命

을 擧하고 英祖머에 李麟佐밋 李夏徵의等이 忠淸道에서 革命을 擧함이 다黨

爭의까닭이오 純祖때에 洪景來가 關西에서 革命을擧하여 嘉山等七邑을 據함은 門閥을黨尚한

까닭이니 洪景來는 李朝五百年에 가장有名한 大革命이니라

第十四課 安龍福

安龍福은 東萊사람으로 倭語를 잘하더니 그대에對馬島主가 우리欝陵島를取하거

터니 世宗이 經濟六典을 撰成하고 刑罰에 笞·杖·徒·流·死의 五刑이잇고 刑律은 二

十二章이잇으나 中宗以後로 紀綱이 大壞하며 法制는 오직 文具가되나라

第四課 軍制

國初붙어 傭兵制度와 徵兵制度를 雜用하니 傭兵은 常備兵이오 戰時兵은 徵兵

이라 그러나 貴族士族儒生等은 다兵役을 免하고 下級의 人民만 兵役에 充하며 軍兵

을 奴隷갓이 賤視하니 此가못 國의原因이오 全國軍政을 兵曹가 掌하고 其下에

五衛都總府가잇으니 常備兵이 數萬이 넘지못하나라

第五課 敎育

京城에 成均館을두어 敎育程度에의 最高機關을 占으며 이는 곳大學館이라 儒學을 專

主하고 司譯院에는 漢語 蒙古語 倭語 女眞語의 各科가잇고 京城四部에 四學을

두五 各道郡에도 鄕校를두메 學科는다 漢文반이라 學則가크게 失宜하며 國民

文化는 國初以來로 漢文하다가 世宗에 이르러 訓民正音곳 子母音二十八字를

豪退의大原因이되니라

第六課 文學

第二章 近古의文化

第一課 宗敎

太祖의 대불어 儒敎를 尊하고 佛敎를 柳하여 僧侶는 人類에 참지 못하게 하나

西山大師와 泗溟堂같은 高僧이 有名하였고 太祖의 後로 儒敎가 크게 勃興하

여고 金宗瑞趙光祖李珥等의 有名한 大學者가 輩出하니 李滉 또 李朝五百年에 第

一儒敎이오 儒敎以外에는 다異端이라하며 國法으로써 嚴禁하나라

第二課 政治

全國을 八道로 난호고 八道를 州府郡縣으로 난호아 道에는 觀察使 州에는

牧使、府에는 府使或은 府尹 郡에는 郡守、縣에는 縣令或縣監을 두고 이외에 鎭

에 僉使와 驛에 察訪이 있으며 中央에 議政府를 두어 領議政이 大政을 總理하고

그下에 大部를 두어 政務를 分掌하나라

第三課 法典

太祖가 처음 鄭道傳 河崙等을命하여 經國元典 續典을纂하여 開國規模를 定하

八

一熟하고 趙斗淳、李景夏等을 크게 用하여 自己의 黨만 들고 一千萬圓의 巨

額으로 景福宮을 다시 建築하며 備邊司를 罷하고 軍時을 設하니 이는 中宗世붙

어 備邊司를 設하여 軍國實權이 다此에 잇시 幾가 망음이니라

第三課 大院君의 内政 (二)

이에 武政은 興하며 別驍士라 하는 精兵을 새로두며 各地方에 軍士를 練하며 要

害마다 碑臺를 築하고 또 貴族政治에 平民이 大困함을 除코저하여 兩人에 當派

을 不拘하이 四色의 紛爭을 罷하고 各處에 賜使를 보내며 貴族의 橫恣를

制하고 各道에 書院 一千餘父을 毀撤하니 이는 士族껏 儒生輩가 書院을 籍

하여 平民을 侵漁함이라

第三課 大院王의 外政 (一)

붙어 天主敎의 流入됨을 嚴禁터니 哲宗의世에 甚히 盛하고 이때에

이로러 承旨南鍾三의等이 俄國의通商고저하는 時機를 利用하여 天主敎를 拡張하려

하거늘 大院王이 그 敎徒數千人과 法國宣敎師十餘人을 죽이니 法國軍艦이 江華에 入寇
十一

지으매　文字가 巧妙하여　國家進步에　크게 有力하니　世界古今에　特絶한 國文이오

文人에　朴趾源과　詩人에　申光洙가　가장 有名하고　著書에는　世宗대에　官撰한 治

平요람等　數十종과　鄭麟趾의　高麗史와　朴趾源의　熱河日記와　英祖의　文獻備考

等 諸書와　正朝의 國朝寶鑑等 諸書와　丁若鏞의　牧民心書가 有하니라

第七課　藝術

活字印刷進術은　高麗時代보다　甚히　退步하여　分院 燔磁器가　비록 著名하나 新羅

陶器를 不及하고　朴平의 震天雷と李忠武의 龜船따 참께 有名하여 世界에 鐵砲의 責

임가 되고　太顆은 銅鐵活字를 製하고　筆苑에 韓漢이 있으며　音樂大家에 朴堧이 있

一 佛敎에 古山子가 이 나라

第三章　大韓一代

第一課　大院君의 内政 (一)

武帝가 登極하여　興宣君으로 大院王을 삼음애　大院王이 어에金佐根의 黨與를

十

論함2

第六課　獨立黨과 守舊黨

江華條約의 後에 金玉均等이 日本에 往하여 文物의 進步와 世界의 大勢를 보고 淸國의 干涉이 過度함을 怒하여 日本을 賴하여서 朝鮮의 獨立을 圖코저하다 이를 獨立黨이라하고 壬午軍亂後에 閔泳穆等은 淸國에 親附하여 勢力을 扶植코저하니 이를 守舊黨이라 하니라.

第七課　獨立黨의 失敗

檀君四千二百十七年에 金玉均 朴泳孝等이 郵政局의 祝宴을 因하여 守舊黨의 閔泳穆等을 죽이고 獨立國體面을 保有코저 하다가 淸將 袁世凱에게 逐한바되고 淸日兩國의 天津條約이 되니 이後 將來 朝鮮에 有事하여 兩國中에 出兵하거든 彼此같게 참아라.

第八課　東學黨과 淸日戰爭

檀君四千二百二十六年에 東學黨 全琫準이 全羅道에서 起兵하니 衆이 五六萬이오 그名義는 倭를 逐하고 權貴를 滅하자 함이라 이에 淸國의 援兵이 오고 淸國

一

하는지라 이에 千捲萬筽書을 보내여 크게 破하야 이를 兩實誌하라 하나니라

第四課 大院王이外政 터

大院王이 法寇를 破한後요 터을 鐘國擾科와 主義를 秦茶詩하야

를入寇하거늘 魚在淵等을 보내여 破하니 마츤 美艦五隻이 江華

砲擊한故이오 日本이 萬好를 修코저하야 明治初年들어 我八年戊辰에 그國書를

二十三四回에至하되 大院君이 受치아니나라

第五課 閔族에專政

光武帝가 閔致祿의 女로써 后를삼으며 그族 閔春鎬等이 政柄을 擅執코 大院

王은 失勢하야 退한지라

閔族이 執政한後에 곳 日本과 通商條約을 締結하고 그公使가 京城에 와서

駐하니 이는 大院王이 그國書를 平日에 拒絶함과 江華에서 그國艦을攝魂을

砲擊한事로 詰問을 當하야 右議政朴珪壽의 議를 従홈이라

第十一課 五條約의 結果

五條約이 締結한 後에 全國이 振動하여 婦孺老少가 서로 吊哀하여 가로되 五百年 宗社가 今日에 亡하였다 하여 学校와 市肆가 다 撤廢되고 이에 韓国閔泳煥이 自刎하였으며 元老 趙秉世와 参判 洪萬植과 駐英公使 李漢應과 学部主事 李相哲과 兵丁 金奉学과 山林 宋秉璿이 次第로 殉節하니라。

第十二課 閔泳煥의 遺書

閔泳煥이 大勢의 已去함을 알고 死할새 同胞에게 遺書하니 그 書에 曰 國恥民辱이 此에 至하였으니 우리 人民이 將次 生存競争中에 殄滅할지라 大抵 苟且히 生을 要하는 者는 必死하고 死를 要하는 者는 도리어 生하나니 諸公은 엇지 此를 諒치 못하나뇨 泳煥은 一死로써 皇恩을 仰報하며 우리 二千萬同胞에게 謝하노니 泳煥이 死하여도 死치 아니하고 諸君을 九泉下에 陰助하리니 우리 同胞는 千萬倍奮勵하여 志氣를 堅確하여 學問을 더욱 힘쓰고 結心戮力하여 우리의 自由獨立을 回復하면 死者 冥冥中에서 喜笑하리라。

十五

에 … 日兵이 또 來하니 東學黨은 곳 潰散하고 마참내 淸日戰爭이

되니라.

第九課 政黨의 分立

淸日戰爭의 結果로 附淸黨은 辭退하고 親日黨 朴泳孝等이 政治를 맡어새

國號를 大韓이라하며 年號를 光武라하더니 그後에 日兵이 闕守를 告해거늘

李載冕等은 露國을 結하여 帝를 露館에 播遷케하니 이는 排日黨이오 또

尹政吳等은 美國을 親하여 獨立協會를 成하니 이는 日露排斥黨이다. 다外國을

依賴하는 故로 以참새 亡國하는 原因이 되니라.

檀君四千二百三十七年에 日本이 戰國과 獨立을 鞏固하며 東洋平和를 維持한다

하여 露國과 戰爭을 開하더니 五大勝하고 翌年乙巳十一月十七日에 伊

藤博文이 五賊李完用 李根澤 朴齊純 權重顯을 强逼하며 五條約을 締

結하니 그條約은 韓國外交部를 廢하며 京城에 統監을 置한 事이더라.

十四

東에 閔肯鎬・姜基東과 岡北에 洪範圖・車道先과 沿海州에 李範允・崔在亨이

있으니 時勢의 利害를 因하여 이것이 成功치는 못하였으나 그民氣의 不眠함을

可히 알것이라.

第十五課 社會와 學校

우리 獨立協會가 改散된後에 紳商会와

会旦 殖産敎育을 專主하였고 西北人士가 西北学会를 京城市外에 守五 拊하며

校를 設立하여 敎育을 鞅發하고 國內人士가 感奮하여 學会를 組織

하고 學会를 講究하며 政府에서 官立学校를 川日로

設하여 私立学校가 日로 興旺하여 敎育이 漸進하니

介의 摧殘에 漸次發展가 되나니라

內外國이 萬国戦이 太播日하는 二進会로 입후 東学館派遣

에、 그会를 組織하여 会頭 宋秉畯・李容九等이 上十로 其費에 百福君이마다고

五傄約대에 保護遝言書를 各國에 傳布하여 日人이 義兵과 十사呈呪 立하

前祭

우리국사

第十三課 海牙의 李儁

檀君紀 四千二百四十年에 李相卨·李儁·李瑋鍾 三人이 和蘭 海牙府 萬國平和會議에

出席하여 韓國의 獨立을 恢復코저 控告詞를 提出하고 李儁은 忠憤을 이기

지 못하여 自決하니 이에 日本이 大臣 林董을 보내어 七慚約을 締結하고 皇帝陛下

東武·李載崐·高永喜·趙重應·宋秉畯 等을 會同하여 七慚約을 締結하고 義兵이 各地方에서 蜂起하니라

를 强過하여 讓位케하며 軍隊를 解散하니

第十四課 義兵의 因果

檀君 四千二百二十八年에 日人이 閔后를 죽이매 그때에 柳麟錫이 비로소 日本

을 討滅하기 爲하여 義兵을 擧하고 및 五條約이 되매 史淸道에서 閔宗道·

崔益鉉 等이 次第로 起하고 咸鏡北道에서 李範允이 起하더니 先武帝가 讓位하는

때를 當하여 義兵이 處々에 蜂起하여 日人을 殺戮하니 이는 軍民이 國母

의 喪失됨을 念恨하다가 此機를 乘하여 起함이라

義兵에 가장 有名한 者는 湖州에 李康秊·延基羽와 嶺南에 李麟榮·金海山과 關

王 合倂聲明書를 世界에 傳布함으로 人民이 다 工会를 仇視하며

가 되더니

다

五倂的을 世後에 提出하니 吳基鎬等이 五賊을 죽이고저 하다가 遂志를

못하더니

檀君四千二百四十一年 青 二十四日에 安重根이 哈爾濱에서 伊藤博文을 砲殺하고

을 砲殺하고

年十月十三日에 安重根이 哈爾濱에서 伊藤博文을 砲殺하고

年十二月二十三日에 李在明이 賣國賊 李完用을 刀割하더라.

第十六課 義士의 運動

第十七課 合倂의 恥辱

檀君四千二百四十三年 八月二十九日에 日本이 統監 李內正毅로 하여금 强制로 合

倂하고 京城에 朝鮮總督府를 두니 이는 伊藤博文이 砲殺을 当한 後에 倭害을

併하고 合倂條約을 促成함이라. 鳴呼라 檀君의 子孫된 青年諸君은 이늘

이 憤怒하여

을 잊지말고 크게 奮励하여 國歌를 快雪할지어다.

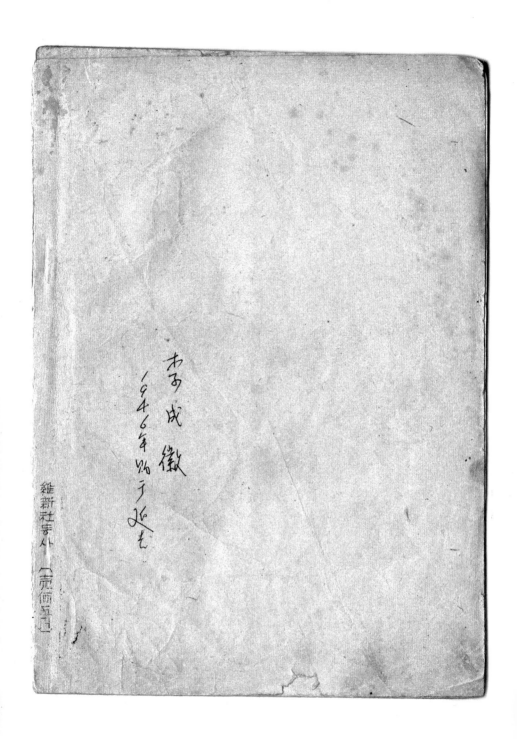

李成徽

1946年贻于延吉

維新社房사

〔売價五円〕

• 박준형

연세대학교 사학과를 졸업하고 같은 대학원에서 석사, 박사학위를 받았다. 연세대학교,
가천대학교 등에서 강의했으며 2004년부터 연세대학교 동은의학박물관에서 학예연구
사로 근무하였다. 2017년 7월부터 현재까지 해군사관학교에서 박물관장 겸 군사전략학
과 교수로 재직 중이다.

주요 논저로는 『고조선사의 전개』(서경문화사, 2014), 『고조선적연구』(서경문화사, 2021)
와 「한국 고대 의약기술 교류」(『한국고대사연구』102, 2021), 「『한원』권자본의 서지
와 필사의 제문제」(『백산학보』120, 2021), 「『대동유취방』을 통해 본 신라 해부와 강치」
(『한국고대사탐구』37, 2021), 「근대 일본에서 발행된 조선지도 속의 녹둔도」(『백산학
보』122, 2022) 등이 있다. 공저로는 『한국의 대외관계와 외교사: 고대편』(동북아역사
재단, 2019), 『한중관계사상의 교역과 교통로』(주류성, 2019), 『고대 동아시아의 수군과
해양활동』(온샘, 2022) 등 다수가 있다.

계봉우의 국사 -『최신동국사』에서 『우리국사』로-

초판발행일   2022년 8월 15일
편 저 자   박준형
발 행 인   김선경
책 임 편 집   김소라
발 행 처   서경문화사
           주소 : 서울시 종로구 이화장길 70-14(204호)
           전화 : 743-8203, 8205 / 팩스 : 743-8210
           메일 : sk8203@chol.com
신 고 번 호   제1994-000041호
ISBN   978-89-6062-243-2   93910

 정가 18,000원